Natalie van Ratingen

ALLES IST

Mit Energiearbeit
zu einem
selbstbestimmten
und befreiten
Leben

nymphenburger

Inhalt

LERNE DEINE ENERGIE KENNEN

BRINGE DEINE ENERGIE IN BEWEGUNG

SYNCHRONISIERE DEINE ENERGIE FÜR FÜLLE UND REICHTUM

Dein Körper spricht die ganze Zeit mit dir. Nimm seine Signale wahr.

EINLEITUNG

Lerne die purste Form deines Seins kennen

Alles ist Energie, du selbst und alles um dich herum – von dem Stuhl, auf dem du vielleicht gerade sitzt, über die Lampe, die dir in diesem Augenblick Licht spendet und auch das Licht selbst, bis hin zu diesem Buch, das du jetzt in den Händen hältst. Vor dem Atomzeitalter ging man davon aus, dass alles aus Materie besteht. Dann aber spalteten die Wissenschaftler das Atom und entdeckten, dass dies nicht der Fall ist, sondern dass in Wirklichkeit alles im Universum aus Energie besteht, die auf unterschiedlichen Frequenzen schwingt. Auch Dinge, die »fest« erscheinen, schwingen auf molekularer Ebene. Sogar du selbst! Jeden Tag bewegst du dich in einem unendlichen Meer von Energien. Du kannst sie weder sehen, hören, riechen, schmecken noch tasten. Und doch nehmen sie jede Sekunde deines Lebens Einfluss auf dich.
Wir Menschen sind Energiewesen und jeder von uns strahlt und schwingt auf seine ganz einzigartige Weise. Deine Worte, Gedanken, Gefühle und das, was du tust, haben großen Einfluss auf deine energetische Schwingung. Aber auch das, was um dich herum passiert, die zwischenmenschlichen Interaktionen, die du eingehst, sowie deine alltäglichen Belastungen wirken auf deinen Energiekörper und somit auf deine Lebensenergie ein.
Wenn der Fluss deiner Lebensenergie ins Stocken gerät, fühlt sich dein Leben trist und schwer an. Jeder Tag wird zur Herausforderung und du schleppst dich nur so durch, ohne Freude, ohne Spaß und ohne spielerische Leichtigkeit. Deine zwischenmenschlichen Beziehungen fahren sich fest. Dein Körper ist schlapp und du fühlst dich in ihm irgendwie nicht mehr zuhause. Das andere Extrem ist, wenn deine Lebensenergie im Überfluss vorhanden ist und unkontrolliert durch dich hindurchströmt. Ein unangenehmes Gefühl von Stress und Belastung macht sich breit. Deine Nerven liegen blank und du bist schnell reizbar. Konflikte und Streitigkeiten sind in diesem Zustand vorprogrammiert.

Ganz gleich, ob das eine oder andere Extrem – sicherlich hast du deine Erfahrungen damit schon machen können. Vielleicht hast du dich in diesen Situationen deinen Emotionen, Gedanken und deiner eigenen Energie machtlos ausgeliefert gefühlt. Genauso ging es mir auch mal, bis ich gelernt und verstanden habe, wie unsere Energie fließt und wie ich aktiv Einfluss darauf nehmen kann.

Wir alle werden mit der Kraft geboren, uns selbst heilen zu können. Dein Körper ist ununterbrochen damit beschäftigt, alles in dir im Gleichgewicht zu halten – auch auf energetischer Ebene. Du spürst sofort, sobald er aus dem Gleichgewicht geraten ist. Dafür braucht es nicht erst äußerliche Signale wie Krankheit oder Unwohlsein. Dein Körper kommuniziert die ganze Zeit mit dir. Wenn du lernst, ihm zuzuhören und mit ihm zu sprechen, kannst du mithilfe von Energiearbeit seine natürliche Fähigkeit, sich selbst zu heilen und in Balance zu halten unterstützen – auf physischer wie auch emotionaler Ebene. Alles wird sich verändern, wenn du einmal verstanden hast, wie du Einfluss auf deine Lebensenergie nehmen kannst. Dein Leben bekommt einen neuen Sinn und du kannst die Welt wieder mit einem fast kindlichen, freudigen Staunen betrachten. Deine zwischenmenschlichen Beziehungen werden ehrlicher und unterstützend.
Dein Zuhause wird zu einer warmen Umarmung. Deine Kreativität fängt an zu fließen und das Leben wird leicht. Du beginnst, dich mit der gesamten Schöpfung verbunden zu fühlen.

In diesem Buch lernst du die purste Form deines Seins kennen – deine Energie. Mein Ziel war es, ein Buch für dich zu schreiben, das dich von der ersten Seite an mit Energie arbeiten lässt. Ein Buch, das dich sie fühlen sowie verstehen lässt und das auf eine leichte, spielerische und vor allem praktische Art. Ich lade dich dazu ein, einen Raum zu betreten, der jenseits der Erscheinungswelt liegt. Du erfährst alles, was du über deinen energetischen Körper wissen musst – wie er aufgebaut ist und was in welcher Form Einfluss auf ihn nimmt. Ich zeige dir, wie du mit diesem arbeiten und deine Selbstheilungskräfte aktivieren kannst. Mit zahlreichen Übungen, entspannenden Meditationen, tiefen Selbsterfahrungen und wunderschönen Ritualen tauchst du ein in die Magie der Energiearbeit und schaffst dadurch einen sicheren Raum für dein authentisches Selbst. Werde zum Entdecker deines eigenen Energiefeldes! Ich wünsche dir viel Spaß in dieser Welt jenseits unserer fünf Sinne.

WANN DU DIR HILFE HOLEN SOLLTEST

Mit diesem Buch gebe ich dir allerhand Werkzeuge an die Hand, die dich dabei unterstützen können, dich mehr mit dir selbst zu verbinden, Stress zu bewältigen und durch emotionale Wellen zu navigieren. Es gibt dennoch Herausforderungen im Leben, in denen wir mehr Unterstützung brauchen. Wenn du merkst, dass deine Probleme anhalten oder sich negativ auf deine Beziehungen, die Bewältigung deines Alltags oder Jobs auswirken, solltest du die Hilfe eines Arztes oder Therapeuten in Anspruch nehmen. Psychische Gesundheit ist ausschlaggebend dafür, dass wir den Belastungen, vor die uns unser Alltag stellt, standhalten und unsere Fähigkeiten voll und ganz ausschöpfen können. Energiearbeit kann dir dabei helfen, achtsamer zu sein, deine Batterien aufzuladen und deine Stärken zu aktivieren. Sie ersetzt jedoch nicht die Behandlung durch einen Arzt oder Heilpraktiker und ist auch keine Psychotherapie. Höre also auf die Signale deines Körpers und deiner Psyche und suche dir professionelle Hilfe, wenn nötig!

Aktiviere deine Stärken mithilfe von Energiearbeit!

Es gibt so viel mehr
als das, was du mit deinen
fünf Sinnen wahrnehmen
kannst.

Lerne deine Energie kennen

In diesem Kapitel tauchst du ein in das Mysterium der Lebensenergie. Praktische Übungen helfen dir dabei, ein Gespür für deine eigene Lebensenergie zu entwickeln und achtsamer mit ihr umzugehen. Außerdem lernst du die Elemente deines Energiekörpers kennen: deine Chakren, Aura und Meridiane. Erfahre, was deine Chakren blockiert und wie du den Energiefluss wieder herstellen kannst. Erkunde deine Aura und mache dir einfache Tools zunutze, um sie zu reinigen und vor Fremdenergien zu schützen. Wenn du einen stressigen Alltag hast, wirst du dich über die Übung zur Stressbewältigung durch den Druck auf bestimmte Energiepunkte besonders freuen.

MEIN WEG ZUR ENERGIEARBEIT

Noch vor knapp zehn Jahren befand ich mich in einem Vertriebsjob. Ich raste von Termin zu Termin, legte wöchentlich mehr als 2000 Kilometer mit dem Auto zurück. Dazu kamen europaweite Flüge. Abends in Paris eingeschlafen, morgens in Amsterdam aufgewacht – das war mein Alltag. Ich war überzeugt, dass dies mein Traumleben ist, dass das ich bin: eine vielbeschäftigte Businessfrau im Anzug, die sich in einer männerdominierten Welt durch leistungsgetriebene Anreize beweisen will. Bis ich einen schweren Autounfall erlitt, der alles veränderte. Ein Bruch in der Halswirbelsäule brachte mich um ein Haar in den Rollstuhl. Es folgte eine Zeit, in der ich auf jede meiner Bewegungen achten und mir vor allem viel Ruhe schenken musste. Ruhe, Stillstand, Achtsamkeit – Dinge, die für mein System so ungewohnt waren, dass ich es nur schwer aushalten konnte. Ich fing an, in mich hineinzuschauen und das zu sehen, wovor ich lange Zeit die Augen verschloss. Ich stellte mir unbequeme Fragen, die ich mir endlich erlaubte, ehrlich und schonungslos zu beantworten. Wie konnte ich nur in diese Situation geraten? Ist das das Leben, das ich für mich wollte? Was treibt mich an? Was ist meine Motivation hinter dem, was ich tue? Warum ist Ruhe so schwer für mich auszuhalten? Welche Lektion will mich mein Unfall lehren? Ich setzte mich mit meinem Selbstwert, Selbstbild, meinen Glaubenssätzen und vor allem mit meiner Wahrheit, die unter all den Programmierungen verborgen lag, auseinander. Das Ergebnis war klar: So kann ich nicht weiterleben, also kündigte ich meinen Job. Mir wurde bewusst, dass das Leben, das ich für mich geschaffen habe, alles andere als authentisch war. Es war zerstörerisch und entfernte mich zunehmend von dem Menschen, der ich wirklich war. Ich begann zu realisieren, dass ich mich jahrelang im Überlebensmodus befand und nun Wege finden musste, um einen sicheren Raum für mich und meinen authentischen Kern zu schaffen. Und so ebnete ich mir den Weg zur Energiearbeit.

Meditationen, Atemarbeit, Achtsamkeitsübungen aus vielfältigen Bereichen, die bewusste Wahrnehmung meines Körpers, meiner Bedürfnisse und Wünsche zogen in meinen Alltag ein. Endlich lag der Fokus auf mir, auf meinem wahren Ich. Ich machte mich selbst, das, was mich glücklich macht und meine mentale Gesundheit zur Priorität. Die Arbeit an mir selbst und meine »Ent-wicklung« von dem, was ich nicht bin, erfüllten mich so sehr, dass der dringende Wunsch aufkam, andere Menschen auf demselben Weg zu begleiten. Mittlerweile bin ich Reiki-Meisterin, bilde wundervolle Seelen in Reiki aus, arbeite als psychologische Beraterin und Coach und schreibe nun dieses Buch für dich! Mein Weg war nicht immer leicht und alles andere als geradlinig. Aber genau darin liegen so viele Geschenke. Egal, an welcher Stelle du dich gerade im Leben befindest, möchte ich dir Mut zusprechen. Mut, deiner inneren Wahrheit ins Auge zu sehen und auch unbequeme Aspekte deines Selbst mit viel Mitgefühl und Geduld zu betrachten.

Sei was du sein willst, nicht was andere sehen wollen!

Habe Vertrauen darauf, dass wenn du dich selbst zur Priorität machst, Eigenverantwortung übernimmst und kontinuierlich an deiner »Entwicklung« arbeitest, du ein Leben für dich schaffen wirst, das dich erfüllt. Ein Leben, das dir ermöglicht, dich zu zeigen wie du wirklich bist und somit auch anderen erlaubt, ihr wahres Ich ans Licht zu bringen. Die praktischen Anwendungen, die du in diesem Buch erlernst, sollen dich dabei begleiten und unterstützen.

»Und wenn wir unser eigenes Licht erstrahlen lassen, geben wir unbewusst anderen Menschen die Erlaubnis, dasselbe zu tun.
Wenn wir uns von unserer eigenen Angst befreit haben, befreit unsere Gegenwart andere ganz von selbst.«

Marianne Williamson

Mache dich selbst,
deine Bedürfnisse, Ziele und
Wünsche zur Priorität!

DAS GEHEIMNIS DER LEBENSENERGIE

Hast du dich schon mal gefragt, wer oder was deinem Körper sagt, wie er funktionieren soll? Wie kommt es dazu, dass dein Herz beispielsweise jeden Tag bis zu 10.000 Liter Blut durch deine Gefäße pumpt, 100.000-mal schlägt und deine Organe so mit lebensnotwendigem Sauerstoff und Nährstoffen versorgt? Schließlich steuerst du diesen Vorgang nicht bewusst. Du musst nicht darüber nachdenken, es zu tun, sondern es passiert ganz automatisch. Genauso ist es mit dem Atmen und allen anderen Körperfunktionen, die dein Überleben sichern.
Ein erwachsener Mensch besteht aus ungefähr 100 Billionen Zellen. Jede einzelne Zelle trägt eine allwissende Weisheit in sich und ist mit dem Universum und jedem Lebewesen darin verbunden.

»Du bist eine Funktion dessen,
was das ganze Universum tut,
so wie eine Welle
eine Funktion dessen ist,
was der ganze Ozean tut.«

Alan Watts

Es ist eine Art Energie, die jeder deiner Zellen sagt, was sie wann zu tun hat. Sie sorgt dafür, dass deine Organe, Knochen und alles, was deinen Körper ausmacht, präzise funktionieren. Genau das ist deine Lebensenergie! Sie ist überall in der Natur vorhanden – Tiere haben sie und auch Pflanzen haben sie. Lebensenergie ist eine nicht sichtbare, allgegenwärtige und allwissende Kraft. Sie ist das, was Lebendiges lebendig macht.

In unserer westlichen Welt ist die Existenz einer Form von Lebensenergie und auch der mögliche proaktive Einfluss darauf durch Energiearbeit immer noch sehr umstritten. Unsere rational geprägte Gesellschaft kann sich nur schwer mit Konzepten anfreunden, die nicht sichtbar oder messbar sind – vor allem in der Medizin. Zahlreiche indigene Völker, Menschen in China, Indien und in vielen anderen asiatischen Ländern hingegen arbeiten schon seit Jahrtausenden mit der Lebensenergie und wissen genau: Ist sie blockiert, so äußert sich das auf körperlicher, geistiger und seelischer Ebene in Form von Unwohlsein oder sogar Krankheit. Fließt die Lebensenergie hingegen ungestört durch unseren Körper, geht es uns gut.

Spüre das, was dich lebendig macht!

Fühle deine Energie

Jeder Mensch fühlt Energie anders. Manche beschreiben sie als ein kribbelndes Gefühl oder eine Art magnetischen Sog, andere eher als Wärme oder Kälte und wiederum andere fühlen ein mehr oder weniger intensives Pulsieren. Es gibt kein Richtig oder Falsch, wenn es darum geht, Energie zu fühlen. Für diese Übung darfst du dich also von jeglicher Erwartungshaltung lösen und auf das vertrauen, was du in dem Moment wahrnimmst. Damit du deine Energie fühlen kannst, musst du sie zunächst entfachen. So wie du mit dem Streichholz erst entlang der Reibefläche auf der Schachtel streifen musst, um es zum Brennen zu kriegen, so musst du auch deine Energie erst einmal anstoßen, damit du sie spüren kannst. Dafür gehst du wie folgt vor:

- **Reibe deine Handinnenflächen für ungefähr 30 Sekunden kräftig aneinander.**
- **Atme dabei bewusst durch die Nase ein und durch den Mund wieder aus.**
- **Ziehe dann deine Handflächen langsam auseinander und führe sie wieder ganz langsam zusammen.**
- **Versuche dich dabei völlig zu entspannen.**
- **Wiederhole diese Bewegungen ein paar Mal und spiele mit dem Abstand zwischen deinen Handinnenflächen.**

Das, was du nun zwischen deinen Händen wahrnehmen kannst, ist deine Energie! Natürlich fühlst du auch die angeregte Durchblutung und den Nervenstrom in deinen Händen. Aber der Funke, der dein Herz schlagen und das Blut fließen lässt, ist deine Lebensenergie. Auch die Elektrizität, die über dein Nervensystem durch deinen Körper geleitet wird, ist deine Lebensenergie. Es ist deine Lebendigkeit. Und genau diese Lebendigkeit kannst du nun fühlen. Indem du dich immer wieder dazu bewegst, deine Lebensenergie bewusst wahrzunehmen, lernst du gleichzeitig, achtsamer mit ihr umzugehen.

DIE ENERGIE, DIE LEBENDIGES LEBENDIG MACHT

In Japan nennen die Menschen die Lebensenergie »Ki«, in China »Chi«, die Māori, also die Angehörigen der indigenen Bevölkerung Neuseelands, nennen sie »Mana«, die alten Griechen nannten sie »Pneuma«, im Hebräischen heißt sie »Ruach« und im hinduistischen Indien sowie buddhistischen Tibet sagen die Menschen »Prana« oder »Kundalini« dazu. Sogar in der christlichen Bibel gibt es eine entsprechende Bezeichnung, und zwar ist es »der Heilige Geist«. Wie unterschiedlich diese Gruppierungen auch sein mögen, so meinen sie mit ihrem Ausdruck ein und dasselbe, was wir unabhängig von unserem kulturellen oder religiösen Hintergrund universell empfinden: eine Energie, die dem Körper Leben einhaucht.

Der Begriff der Lebensenergie ist nur schwer greifbar. Es ist nicht leicht in Worte zu fassen, was Lebensenergie genau ist. Worüber sich alle einig sind, ist, dass sie fließen muss und dass jegliche Blockaden – egal ob auf körperlicher, geistiger oder seelischer Ebene –, die diesen Fluss behindern, beseitigt werden müssen, damit wir uns vital und gut fühlen können. Denn ist die Lebensenergie in einem Bereich deines Körpers zu knapp, blockiert oder aufgestaut, so kann es zu Beschwerden, Schmerzen, Entzündungen, Unwohlsein oder Krankheiten führen. Wenn deine Lebensenergie hingegen im Fluss ist, geht es dir nicht nur ganzheitlich gut, sondern du bist auch in der Lage, deiner Berufung zu folgen. Du erlebst dann das Gefühl des »Im-Flow-Seins« (deutsch: »im Fluss sein«). Alles geht dir locker von der Hand. Du bist konzentriert und aktiv und das mit einer spielerischen Leichtigkeit. Du scheust dich nicht davor, deinen authentischen Kern zu leben und das, was dich einzigartig macht, nach außen zu tragen. Du fühlst dich verbunden mit allem Lebendigen um dich herum.

8 Dinge, die du tun kannst, um dein Energielevel zu erhöhen:

1. Achte auf dein Stresslevel und deine Arbeitsbelastung. Sorge in stressigen Lebensphasen für entsprechenden Ausgleich, um zur Ruhe zu kommen.
2. Stelle sicher, dass du dich ausreichend viel bewegst, und treibe Sport.
3. Halte dich täglich an der frischen Luft und in der Natur auf.
4. Verzichte auf Alkohol und Zigaretten.

5. Sorge für ausreichenden Schlaf. Erwachsene sollten in der Regel auf 7–9 Stunden Schlaf kommen.
6. Meditiere täglich. Nur 5–10 Minuten können schon wahre Wunder bewirken!
7. Achte auf eine ausgewogene Ernährung – dazu gehören auch Getränke!
8. Trinke mind. 1,5 l am Tag.

Lebensenergie zirkuliert also in unserem gesamten Körper, durchdringt jede unserer Zellen und hält uns lebendig, gesund und wohlauf. Es ist die Lebendigkeit in dir, der Funke hinter deinem Atem, das Licht in deinem Geist, die Elektrizität in deinem Nervensystem. Ohne die Lebensenergie würden wir sterben. Sie ist ein Geschenk, das wir manchmal als viel zu selbstverständlich ansehen und mit dem wir uns nicht oft genug bewusst verbinden. Die meisten von uns leben in ihrem Kopf, anstatt in ihrem Körper. Es kann ein ganzer Tag an uns vorbeiziehen, ohne dass wir unserem Körper auch nur einmal Beachtung geschenkt haben. Wie oft hältst du am Tag inne, um in dein Körpergefühl einzuchecken, um zu fühlen, was gerade in deinem Körper vor sich geht?

Körperscan: Fühle deinen Körper

Nimm dir bitte jetzt einen Augenblick Zeit und richte deine Aufmerksamkeit voll auf deine körperlichen Empfindungen. Lass uns gemeinsam einen sogenannten Körperscan durchführen. Dafür arbeiten wir uns vom Kopf bis zu den Füßen runter. Schließe deine Augen und spüre in dich hinein. Ist dein Körper steif und angespannt? Wie ist deine Körperhaltung? Sitzt du gerade und aufrecht oder lässt du dich hängen? Beißt du deine Zähne fest zusammen? Kannst du deinen unteren Kiefer etwas lockern und leicht hängen lassen? Wie sieht es mit deinen Schultern aus? Hängen sie entspannt runter oder ziehst du sie hoch zu deinen Ohren? Richte dein Bewusstsein auf deine Brust. Wenn du magst, lege deine Hände auf dein Herz. Was fühlst du? Spürst du deinen Herzschlag? Welches Gefühl kommt bei dieser Berührung in dir hoch? Geh eine Etage tiefer zu deinem Bauch. Was kannst du dort wahrnehmen? Ist es ein flaues Gefühl? Kleine zarte Schmetterlinge, ein leichtes Krampfen oder Knurren? Wenn du möchtest, kannst du auch hier deine Hände drauflegen und beobachten, welche Emotionen dann in dir auftauchen. Widme deine Aufmerksamkeit nun deinem Schoßraum. Was kannst du dort wahrnehmen? Fühlst du die Weite, die Potenz, die Schöpferkraft deines Körpers oder ist es dort eher eng und verkrampft? Vielleicht ist dieser Bereich sogar in Scham gehüllt? Nimm nun Kontakt zu deiner Sitzfläche auf. Verteilst du dein Körpergewicht gleichmäßig auf beide Gesäßhälften oder ist eine Hälfte mehr beschwert als die andere? Fühlst du den Kontakt, den dein Körper zu dem Kissen, Stuhl, Bett oder worauf auch immer du gerade sitzt, aufnimmt? Gehe weiter zu deinen Knien. Lege deine Hände darauf und nimm das wahr, was dich dein Körper wissen lassen will. Schließe den Körperscan mit deinen Füßen ab. Haben sie Bodenkontakt? Wie fühlt sich der Boden unter deinen Füßen an? Kannst du mit deinen Zehen wackeln und jeden einzelnen für sich spüren?

Diese einfache Übung hilft dir dabei, ein gesundes Körperbewusstsein aufzubauen und deinem Körper sowie deiner Energie zuzuhören. Versuche, dich jeden Tag für ein paar Minuten auf diese Weise mit deinem System zu verbinden. Wenn es für dich eher unangenehm ist, dich auf deine Körperempfindungen einzulassen oder ein bestimmter Bereich Widerstand in dir aufkommen lässt, frage dich ganz sanft, warum das so ist. Beobachte, ob dieser Widerstand tagesabhängig oder ein Dauerzustand ist. Vielleicht macht die Arbeit mit einem Therapeuten Sinn für dich, um im Körper gespeicherte Traumata auflösen zu können.

Achte darauf, was dein Körper braucht, und bemühe dich, ihm das auch zu geben. Vielleicht ist es ein großes Glas Wasser, eine warme Mahlzeit, ein Powernap, Bewegung an der frischen Luft oder eine kleine Stretching-Einheit, um die Muskeln zu lockern. Je öfter du deine Aufmerksamkeit auf deine körperlichen Empfindungen legst, desto klarer werden die Botschaften für dich werden. Der Körperscan ist auch eine geeignete Übung, um aus dem Grübeln auszusteigen.

DEINE ENERGIE ALS WÄHRUNG

Du kannst dir dein Energiesystem wie eine Art Bankkonto vorstellen. Die Währung ist deine Lebensenergie. Manche Transaktionen zahlen auf dein Konto ein, andere Transaktionen wiederum buchen von deinem Konto ab. Um nicht ins Minus zu rutschen, solltest du darauf achten, dass deine Ausgaben deine Einnahmen nicht überschreiten. Im besten Fall schaffst du es sogar, deine Einnahmen zu vergrößern – beispielsweise durch gewinnbringende Investitionen. Auf diese Weise erhöhst du dein Guthaben und kannst mit unerwarteten größeren Abbuchungen gelassener umgehen.

Du hast nicht unendlich viel Energie zur Verfügung. Achte darauf, wofür du sie verwendest!

»Finanzcheck«: Wie sieht es aktuell auf deinem Energiekonto aus?

Genauso wie du regelmäßig checkst, was sich auf deinem Bankkonto tut, solltest du auch dein Energiekonto prüfen. Hast du ein gutes Polster oder musst du deinen Dispo nutzen? Welche Abbuchungen kannst du verringern oder sogar vermeiden? Wie kannst du dein Saldo vergrößern?

- **Um das für dich herauszufinden,** schreibe die Dinge, Aktivitäten, Situationen und auch Menschen, die dir Energie nehmen, in die linke Spalte mit der Überschrift „Abbuchungen (-)“ der nachfolgenden Tabelle.
- **In die rechte Spalte** mit der Überschrift „Einzahlungen (+)“ setzt du alle Dinge, Aktivitäten, Situationen und Menschen, die dir Energie geben.
- **Versuche, so ehrlich wie möglich zu dir zu sein.** Du machst diese Rechnung ausschließlich für dich und niemand sonst bekommt sie zu sehen.
- **Werde auch so konkret wie möglich!** Wenn dir deine Arbeit beispielsweise Energie raubt, dann schreibe in die linke Spalte nicht nur „mein Job“, sondern das, was dich genau daran auslaugt. Sind es die Überstunden? Bestimmte Aufgaben? Dein Chef? Die Kollegen bzw. Kolleginnen? Welche Kollegin oder welcher Kollege genau? Welche Eigenschaften an ihr oder ihm stören dich so sehr?
- **Auch bei den energiespendenden Dingen** in der rechten Spalte solltest du präzise formulieren, was genau daran dazu führt, dass sie auf dein Konto einzahlen. So kannst du viel mehr darüber erfahren, wie deine Energie auf konkrete Dinge reagiert und wie sich das auf deinem Konto bemerkbar macht.

… auf der nächsten Seite geht es weiter

	Abbuchungen (-)	Einzahlungen (+)
1.		
2.		
3.		
4.		
5.		
6.		
7.		
8.		
9.		
10.		

Hast du alles aufgeschrieben, was aktuell für dein Energiekonto relevant ist, so ist es Zeit für eine Zwischenbilanz. Was überwiegt? Deine Abbuchungen oder Einzahlungen? Bedenke dabei, dass manche Dinge eine größere Gewichtung haben als andere. So kann es zum Beispiel sein, dass du auf der linken Seite zwar mehr Punkte hast, dafür aber auf der rechten Seite welche, die dich sehr erfüllen und somit mit einem größeren Wert verbucht werden können. Entscheide nach deinem Gefühl, welche Seite für dich schwerer wiegt, und lege deinen aktuellen Saldo fest.

Wenn dein Saldo im Plus ist, dann machst du bereits einiges richtig! Vielleicht kannst du deine rechte Spalte noch mehr anreichern, indem du deine Energie investierst und dir so neue »Einnahmequellen« erschließt. Das könnte beispielsweise eine Weiterbildung in einem Bereich sein, in dem du schon immer dein Wissen vertiefen wolltest. Vielleicht ist es sogar so etwas wie Yoga oder Reiki; also Methoden, die sich direkt bezahlt machen, da sie schon in der Ausführung selbst auf dein Energiekonto einzahlen. Überlege auch, wie du von dem, was dir Einnahmen bringt, noch mehr in deinen Alltag integrieren kannst.

Wenn dein Saldo ungefähr dieselben Anteile auf der linken wie auch auf der rechten Seite hat oder sogar ins Minus gerutscht ist, dann solltest du deine Abbuchungen einmal genauer unter die Lupe nehmen. Nimm dir nicht alle Abbuchungen auf einmal vor. Das könnte dich überfordern und demotivieren. Fange am besten mit der Abbuchung an, die dir am wenigsten Energie raubt und arbeite dich dann hoch, sobald du sie beseitigen, ausgleichen oder verkleinern konntest. So kommst du schnell an Erfolgserlebnisse und siehst, wie wirksam du Einfluss auf deinen Energiehaushalt nehmen kannst.
Was kannst du also nun tun, damit diese eine Abbuchung dich weniger »kostet«? Vielleicht hast du zum Beispiel aufgeschrieben, dass du Gewicht verlieren möchtest, weil du dich in deinem Körper gerade nicht wohlfühlst. Diäten zu halten fällt dir aber unheimlich schwer und so kommt es dazu, dass du dich nicht aufraffen kannst, an deinem Gewicht zu arbeiten und dennoch belastet es dich sehr. In dem Fall könntest du dir zum Beispiel einen Ernährungscoach an deine Seite holen, der dich dabei unterstützt, einen langfristigen, auf dich abgestimmten Ernährungsplan aufzustellen, der sich nicht nach Diät anfühlt.

Überprüfe deine Liste der Abbuchungen auch darauf, ob es Dinge, Aktivitäten oder sogar Menschen gibt, auf die du einfach verzichten und sie somit aus deiner Rechnung streichen kannst. Natürlich können wir nicht alles einfach streichen – zumindest meistens nicht gänzlich. Manche Dinge müssen nun mal erledigt werden. Frage dich in dem Fall, wie du es dir schön machen kannst, wenn du eine eher unangenehme Sache vor dir hast. Nehmen wir zum Beispiel die Steuererklärung. Seit Wochen schiebst du sie vor dir her. Der Druck wird immer größer und der Gedanke daran kostet dich immer mehr Energie. Was wäre, wenn du dir ein gemütliches Setting dafür aufbauen wür-

dest? Zünde dir deine Lieblings-Duftkerze an, lass deine »Feel good«-Playlist laufen und belohne dich mit einer Pizza-Bestellung bei deinem Stammitaliener, wenn du die Steuererklärung erledigt hast. Du wirst erstaunt sein, wieviel einfacher dir diese Unannehmlichkeit auf einmal vorkommen wird.
Wenn du einen Menschen aus deinem Umfeld als Abbuchung notiert hast und du ihn dennoch in deinem Leben halten willst, versuche, ihn aus einem anderen, einfühlsamen Blickwinkel zu betrachten und auch klare Grenzen zu setzen.

Jetzt hast du ein paar gute Impulse zusammen, wie du auf deinem Energiekonto zukünftig ein solides Guthaben aufbauen kannst. Damit das nicht nur ein Vorhaben bleibt, sondern du es auch wirklich in die Tat umsetzt, brauchst du einen Plan. Schnapp dir deinen Terminplaner und trage dir feste Tage und Uhrzeiten ein, an denen du den Aktivitäten nachgehst, die auf dein Energiekonto einzahlen. Natürlich nicht alle auf einmal. Nimm dir erst mal nur eine Sache vor und das am besten in den kommenden drei Tagen. Hier gilt: Es ist besser, etwas anzugehen und ins Tun zu kommen, als es lange perfekt zu planen. Denn wann ist etwas schon perfekt? Erlaube dir, mit deinen Ideen zu spielen und rauszufinden, was sich am besten auf dein Energiekonto auswirkt. Übernimm dich nicht und gehe eins nach dem anderen an. Wichtig ist nur, dass du dich regelmäßig mit deinem Kontostand auseinandersetzt.

Frage dich immer wieder, was dir guttut und was dir Kraft raubt. Achte darauf, dass das Verhältnis in Balance bleibt.

DEIN ENERGIEKÖRPER

Deinen physischen Körper kennst du nur allzu gut. Du schaust ihn jeden Tag mehr oder weniger bewusst an. Abgesehen von dem, was du sehen und tasten kannst, gibt es aber noch sehr viel mehr zu entdecken, und zwar deinen Energiekörper. Er besteht im Wesentlichen aus der Aura, den Chakren und Meridianen. Am einfachsten lassen sich diese Bestandteile verstehen, wenn du dir den Energiekörper in ähnlicher Weise wie deinen physischen Körper vorstellst. Vereinfacht und verbildlicht entspricht deine Aura auf energetischer Ebene deinem Körper als das »Gefäß«, das alles in ihm zusammenhält – Organe, Blut, Wasser etc. Deine Chakren sind das energetische Pendant zu deinen Hauptorganen und deinem Gehirn. Die Meridiane ähneln deinen Venen sowie Arterien, nur transportieren sie nicht Blut durch deinen gesamten Körper, sondern Lebensenergie.

CHAKREN – DIE ENERGIEZENTREN DEINES KÖRPERS

Wenn du dich schon ein wenig mit Spiritualität und Energiearbeit beschäftigt hast, ist dir der Begriff »Chakra« bestimmt schon mal über den Weg gelaufen. Doch was sind Chakren und wie nehmen sie Einfluss auf dein körperliches sowie emotionales Wohlbefinden? Das Chakra-System hat seinen Ursprung in Indien. Das Wort »Chakra« kommt aus dem Sanskrit und bedeutet wörtlich »das Rad der zirkulierenden Energie«.

Sanskrit ist eine alte indische Gelehrten-Sprache. Viele religiöse Schriften im Hinduismus und Buddhismus wurden ursprünglich in Sanskrit verfasst. Daher gilt die Sprache als rein und heilig. Heute ist Sanskrit keine „lebendige“ Sprache mehr. Sie wird also nicht gesprochen. Genauso wie bei uns Latein, lernen manche Schüler in Indien Sanskrit noch in der Schule.

Und so kannst du dir ein Chakra auch vorstellen: als ein kreisendes Rad bioenergetischer Aktivität, das in deiner Aura sitzt. Diese Räder der sich drehenden Energie entsprechen jeweils bestimmten Nervenbündeln und wichtigen Drüsen sowie Organen in deinem physischen Körper. Ein Chakra ist wie eine Art organisierte Zentrale, das die Lebensenergie empfängt, aufnimmt und zum Ausdruck bringt. Genauso wie deine Gefühle oder Gedanken sind Chakren keine physischen Gebilde. Du kannst sie also nicht einfach mit deinen Händen aufheben und halten. Und dennoch haben sowohl deine Gedanken und Gefühle wie auch deine Chakren einen großen Einfluss auf deinen physischen Körper, denn sie drücken die Verkörperung der spirituellen Energie auf physischer Ebene aus. Die Muster, die du in deinen Chakren trägst, stehen im engen Zusammenhang mit der Funktionsweise deines physischen Körpers – ähnlich wie es auch deine Emotionen tun. Verspürst du beispielsweise große Angst, so verändert diese starke Emotion deinen Herzschlag, deine Atmung und sogar Verdauung. Die Aktivitäten in deinen Chakren wirken sich auf die Vorgänge in deinen Drüsen, auf deine Körperform, dein körperliches Befinden, deine Gedanken, Gefühle und Verhaltensweisen aus.

Insgesamt gibt es sieben Hauptchakren – das Wurzelchakra, Sakralchakra, Solarplexus-Chakra, Herzchakra, Kehlchakra, Drittes-Auge-Chakra und Kronenchakra. Sie verlaufen entlang deiner Wirbelsäule, beginnend mit dem Wurzelchakra an deinem Beckenboden hoch bis zum Kronenchakra am Scheitel deines Kopfes.

Jedes dieser Chakren repräsentiert einen wesentlichen Bereich der menschlichen psychologischen Bedürfnisse. So steht das Wurzelchakra fürs Überleben, das Sakralchakra für Sexualität, das Solarplexus-Chakra für Macht bzw. Willenskraft, das Herzchakra für Liebe – zu dir selbst und zu anderen –, das Kehlchakra für Kommunikation, das Dritte-Auge-Chakra für Intuition und das Kronenchakra für Bewusstsein.
Daneben gibt es noch eine Vielzahl an kleineren Nebenchakren, die sich an unterschiedlichen Punkten deines Körpers und in der Aura befinden, z. B. in deinen Händen, Knien und Füßen.

Damit deine Chakren optimal »funktionieren« können, müssen sie geöffnet bzw. ausgeglichen sein. Dann kann deine Lebensenergie nämlich frei durch sie hindurchfließen und es herrscht Harmonie zwischen deinem physischen Körper, Geist und deiner Seele. Sind sie geschlossen oder blockiert, so zeigt sich das als Beschwerde oder sogar Krankheitssymptom auf körperlicher und emotionaler Ebene. Je nachdem, welches Chakra von einer Blo-

Deine Chakren öffnen sich zur Vorder- und Rückseite deines Körpers.

ckade betroffen ist, können bestimmte mit dem Chakra zusammenhängende Symptome entstehen. Ist beispielsweise dein Kehlchakra blockiert, so kann es dazu kommen, dass du Halsschmerzen oder Schwierigkeiten damit hast, deine Wahrheit zu sprechen oder klar zu kommunizieren.

Ein Chakra sollte dabei aber nie isoliert für sich betrachtet werden. Der Energiefluss entwickelt sich von unten am Wurzelchakra nach oben hin zum Kronenchakra. Beim blockierten Kehlchakra kann der Energiestau also schon weiter unten beim Solarplexus-Chakra, welches u.a. für Selbstvertrauen, Mut und Willenskraft steht, anfangen und von dort aus nicht mehr frei nach oben fließen. Das könnte zum Beispiel bedeuten, dass du nicht selbstsicher bist und dich deshalb nicht traust, deine Wahrheit zu sprechen.

Dieses Zusammenspiel der Chakren zu verstehen, ist sehr wichtig. Würdest du nämlich nur die Blockade im Kehlchakra angehen und völlig außer Acht lassen, dass ihr Ursprung im Solarplexus-Chakra liegt, so würdest du nur das spürbare Symptom, also die unklare Kommunikation, beseitigen, nicht aber die Wurzel des Problems – das mangelnde Selbstbewusstsein. Früher oder später würde so die Energie in deinem Kehlchakra also erneut blockieren, da der Ursprung der Blockade immer noch vorhanden wäre.

Deine Chakren sind individuell auf dich programmiert. Dieses Programm wird durch viele verschiedene Faktoren beeinflusst, wie zum Beispiel die gesellschaftliche und politische Umgebung, in der du dich befindest, deine Erziehung, deine Glaubenssätze, deine Erfahrungen und Traumata. Nicht immer läuft dieses Programm so, wie du es dir für dein Leben wünschst. Deshalb ist es so wichtig, genau hinzuschauen und herauszufinden, an welchen Stellen eine neue Kodierung einprogrammiert werden muss, damit du ein zufriedenes und glückliches Leben führen kannst.

SCANNE DEINE CHAKREN

Um die Energie in deinen Chakren zu fühlen, brauchst du viel Geduld und vor allem Praxis. Erwarte also bitte nicht, dass du nach der ersten Kontaktaufnahme mit deinen Energiezentren sofort eine starke Verbindung herstellen kannst. Es ist nicht auszuschließen, lasse dich aber nicht entmutigen, wenn es nicht so kommen sollte. Bevor du deine Chakren scannst, lass alle Erwartungen los und löse dich von unflexiblen Vorstellungen, wie sich die Energie in ihnen anfühlen sollte.
Manche Menschen spüren die Energie nicht mal durch körperliche Empfindungen, sondern nehmen sie visuell in Form von Farben oder zu den Chakren thematisch passenden Bildern wahr. Am häufigsten treten aber Empfindungen in den Händen auf. Was du fühlst, kann anders sein als das, was jemand anderes fühlt, und das ist völlig in Ordnung! Die Wahrnehmung der Chakra-Energie ist super individuell. Es kann ein Vibrieren, Kribbeln oder ein Wärme- bzw. Kältegefühl sein oder etwas völlig anderes. Das eine ist nicht besser als das andere. Mit der Zeit und durch viel Übung wirst du immer feinfühliger für die Energie deiner Chakren werden. Wenn du beim Scan das Gefühl hast, etwas zu spüren, dann lass dir von deinem Verstand nicht dazwischenreden. Vertraue auf deine Wahrnehmung und öffne dich dafür. So führst du den Scan durch:

Chakra Scanning

1. **Lege die Intention fest,** dich für die Wahrnehmung der Energie in deinen Chakren zu öffnen und jegliche Erwartungshaltung beiseitezulegen.
2. **Atme ein paar Mal tief ein und aus** und lege deinen Fokus auf die Handinnenfläche deiner nicht-dominanten Hand. Das ist die, mit der du nicht schreibst. Das Scanning wird mit genau dieser Hand durchgeführt, weil es einfacher ist, dort energetische Veränderungen wahrzunehmen. In deinem Alltag liegt deine Aufmerksamkeit fast durchgehend auf der dominanten Hand. Dadurch, dass wir diese nun umlegen, wird deine Wahrnehmung viel bewusster und sensitiver.
3. **Führe nun die Handfläche** deiner nicht-dominanten Hand zu deinem Kronenchakra am Scheitel deines Kopfes. Die Handfläche zeigt dabei zu deinem Körper. Stell dir vor, sie ist wie eine Art Lupe, die dir erlaubt, kleinste Details in deinem Energiefeld aufzudecken. Halte deine Handfläche ungefähr acht bis zehn Zentimeter vor deinem Kronenchakra und konzentriere dich auf die Empfindungen in deiner Hand. Spiele auch etwas mit dem Abstand. Bewege deine Hand langsam zum Chakra hin und wieder zurück. Spüre, ob du Veränderungen in deiner Handinnenfläche wahrnehmen kannst. Das kann ein leichtes Kribbeln, ein Gefühl von Wärme oder Kälte, ein Pulsieren, eine Art magnetischer Sog oder etwas völlig anderes sein. Verbleibe ungefähr eine Minute an deinem Kronenchakra und nimm alle Informationen auf, die zu dir durchdringen wollen.
4. **Wandere mit deiner Handinnenfläche** nun langsam Stück für Stück runter zu den weiteren sechs Chakren. Hier scannst du die Energie genauso wie beim Kronenchakra. Schenke jedem Chakra ungefähr eine Minute deiner Zeit. Du kannst auch immer wieder zu einem Chakra zurückgehen, wenn du nochmal etwas „nachfühlen“ oder vergleichen möchtest.
5. **Du hast wahrscheinlich feststellen können,** dass du bei jedem Chakra etwas anderes gespürt hast. Vielleicht hat deine Handinnenfläche beim Dritten-Auge-Chakra gekribbelt, beim Herzchakra wurde sie heiß und

beim Solarplexus-Chakra wurde sie wiederum kalt. Bei manchen Chakren hast du vielleicht gar nichts wahrnehmen können. Und genau darum geht es beim Chakra Scanning: kleinste Veränderungen im Energiefeld aufzuspüren.

6. **Diese kleinsten Veränderungen,** die du in Form von Kribbeln, Kälte, Hitze, Pulsieren etc. spüren konntest, sind Hinweise darauf, dass deine Energie an genau diesen Stellen daran gehindert wird, frei und ungestört zu fließen. Das ist kein Grund zur Sorge! Betrachte diese Stellen mit Neugier und Dankbarkeit. Denn nur dadurch, dass du sie entdeckt hast, kannst du auch an ihnen arbeiten und dein Wohlbefinden verbessern.

7. **Schreibe auf,** in welchen Chakren du Unregelmäßigkeiten wahrnehmen konntest. Schaue dir dann an, welche thematischen Schwerpunkte diese Chakren haben. Reflektiere, wie sich ein Ungleichgewicht daraufhin in deinem Leben zeigt.

8. **Um deine Chakren auszugleichen,** nutze die „Meditation zum Ausgleich deiner Chakren“ und konzentriere dich besonders auf die Stellen, die du im Scan aufdecken konntest. Im Chakren-Überblick auf den folgenden Seiten findest du weitere nützliche Tipps dazu, wie du mit den einzelnen Energiezentren arbeiten kannst.

9. **Direkt nach der Meditation** kannst du nochmal einen Scan durchführen, um nachzuspüren, wie diese auf dein Chakren-System eingewirkt hat. Es werden nicht alle Unregelmäßigkeiten sofort verschwinden. Dazu braucht es mehr als „nur“ eine Meditation. Es ist jedoch wichtig, auch die kleinen Erfolge zu feiern!

10. **Führe den Scan regelmäßig durch.** Behalte die thematischen Schwerpunkte der Chakren, in denen du Unregelmäßigkeiten feststellen konntest, im Auge und arbeite Stück für Stück daran.

WAS KANN DEINE CHAKREN BLOCKIEREN?

Du hast mit Sicherheit schon mal eine Phase in deinem Leben erfahren, in der du den Eindruck hattest, dass deine Energie einfach blockiert ist. Das ist erstmal nichts Beunruhigendes, denn das Leben kommt in Wellen. Mal fließt alles frei durch dich durch und das Leben fühlt sich leicht an. Mal stößt du auf Widerstände oder Herausforderungen und hast das Gefühl, nicht aus deiner vollen Kraft schöpfen zu können. Das ist der natürliche Lauf des Lebens. Deine Aufgabe ist es, zu lernen, diese Wellen zu reiten und dich in unruhigen Phasen selbstverantwortlich zu unterstützen – auf mentaler, emotionaler, seelischer und körperlicher Ebene. Wenn eine solche Phase jedoch zum Dauerzustand wird und du die leichte, frei fließende Energie gar nicht mehr spüren kannst, braucht es besonders dann ein bewusstes, liebevolles und genaues Hinschauen. Die Gefahr besteht nämlich, dass ein dauerhaftes Muster entsteht, dass sich fest in dein Leben einbrennt.

Es gibt viele Gründe und Ursachen, die zu einer Chakra-Blockade führen können. Traumata, gesellschaftliche sowie familiäre Konditionierung, negative Glaubenssätze, ungesunde Lebensgewohnheiten, physische wie auch seelische Verletzungen oder einfach nur ein unachtsamer Umgang mit dir selbst. Wir Menschen entwickeln in schwierigen Lebenslagen bestimmte Bewältigungsmechanismen, um zu überleben. Oft sind diese für unser Wohlbefinden nicht gerade vorteilhaft. Je länger wir diese Bewältigungsstrategie fahren, desto wahrscheinlicher ist es, dass sie zu einem unbewussten, automatischen Verhaltensmuster wird und auch dann weiterhin anhält, wenn die schwierige Lebenslage längst überwunden ist. Wenn deine Erzieher dir in deiner Kindheit beispielsweise das Gefühl gegeben haben, dass du sie mit deinen Emotionen überforderst, so hast du möglicherweise gelernt, dass es nicht sicher ist, deine Gefühle auszudrücken. Als Kind warst du so gezwungen, deine Gefühlswelt zu unterdrücken, um deinen Eltern nicht zur Last zu fallen. Dein Überleben war schließlich von ihnen abhängig und dein größtes Interesse lag darin, ihre Liebe und Fürsorge zu bekommen. Dieser Bewältigungsmechanismus hat sich so tief in deinem Unterbewusstsein eingebrannt, dass du dich heute vielleicht immer noch nicht traust, deine Gefühle offen zu zeigen. Das wiederum führt dazu, dass es dir schwerfällt, tiefgründige zwischenmenschliche Beziehungen einzugehen. Der Umgang mit deinen Emotionen ist in deinem Sakralchakra abgebildet. In diesem Beispiel wäre also eine Blockade dessen überaus wahrscheinlich.

Es gibt zwei Arten von Ungleichgewichten oder Blockaden, die den Energiefluss in einem Chakra stören können. Auf der einen Seite ist es ein Überschuss und auf der anderen ein Mangel an Energie. Wenn wir mit traumatischen Erfahrungen, Stress oder Negativität konfrontiert werden, reagieren wir darauf in den meisten Fällen entweder mit Überkompensation, was zu einem Energieüberschuss im jeweiligen Chakra führt oder Vermeidung, was in einem Energiemangel resultiert. Ein Mensch, der beispielsweise viel Unsicherheit in sich trägt, könnte diese überkompensieren, indem er andere mobbt, sich aggressiv und dominant zeigt. Das würde auf einen Energieüberschuss im Solarplexus-Chakra hindeuten. Ein überaktives Chakra ist mit Energie überladen und kann so nicht mehr sinnvoll funktionieren. Wie bei einem Verkehrsstau wird es blockiert und die Energie wird immer dichter, bis sie stecken bleibt.
Ein anderer Mensch, der ebenfalls viel Selbstzweifel in sich trägt, könnte wiederum in die Vermeidung gehen und Situationen sowie Konflikten, die ihn stark verunsichern, aus dem Weg gehen. In diesem Fall wäre das Solarplexus-Chakra energetisch unterversorgt. Ein unteraktives Chakra hemmt den Energiefluss. Dadurch verkrampft es sich und bleibt leer, weshalb es seiner Funktion nicht mehr nachgehen kann.

Was beide Arten von Blockade gemeinsam haben, ist, dass sie das Ergebnis eines für dich ungesunden Bewältigungsmechanismus sind. Eine Strategie, die du irgendwann einmal entwickelt hast, um mit einem traumatischen Erlebnis, Stress oder einer negativen Erfahrung umgehen zu können. Sowohl ein Energieüberschuss als auch -mangel in einem Chakra hindern den freien Fluss deiner Lebensenergie. Das erschwert es dir, dein authentisches Selbst auszudrücken und das in dein Leben zu ziehen, was dich erfüllt. Im schlimmsten Fall können beide Arten von Blockaden zu gesundheitlichen Problemen und selbstzerstörerischem Verhalten führen.
Das, was das Chakra-System so zugänglich macht, ist seine Multidimensionalität. Das bedeutet, dass du an deinen Ungleichgewichten und Blockaden

auf vielen verschiedenen Ebenen arbeiten kannst. So kannst du sie über deine Sprache, körperliche Bewegung, Spiritualität, Meditation, Gefühlsausdruck, Visualisierungen, Musik sowie Klang und bewusst gewählte Aktivitäten, die bestimmte Lebensbereiche stärken, angehen. Im Laufe deiner Lektüre wirst du mit vielen dieser Ebenen arbeiten und die für dich passendste herausstellen können.

Du musst nicht alle Methoden und Übungen mögen. Suche dir diejenigen aus, die zu dir passen, damit du sie auch langfristig in deinen Alltag integrierst.

WIE KANNST DU DIE ENERGIE IN DEINEN CHAKREN WIEDER ZUM FLIESSEN BRINGEN?

Um eine Blockade in einem Chakra zu lösen und die Energie wieder zum Fließen zu bringen, musst du das zugrundeliegende Problem auf verschiedenen Ebenen angehen. Zunächst einmal ist es wichtig, dass du die Dynamik hinter dem jeweiligen Chakra verstehen lernst. Auf den folgenden Seiten bekommst du daher einen tiefen Einblick in jedes einzelne Chakra und erfährst, welche Funktion es hat, wie sein optimaler Zustand aussieht und wie sich Blockaden äußern können. Ich lade dich dazu ein, deine persönliche Geschichte und Lebenssituation in Bezug auf die jeweiligen Chakren zu durch-

Baue psychische Widerstandskraft auf, indem du dich regelmäßig um deinen Energiekörper kümmerst.

Heilsteine für deine Chakren

Heilsteine können dich dabei unterstützen, blockierte Energien in deinen Chakren zu lösen, zu reinigen und wieder ins Fließen zu bringen. Dabei werden bestimmte Heilsteine bestimmten Chakren zugeordnet, abhängig von ihrer Schwingungsenergie, Farbe und Struktur. Du kannst sie auf verschiedene Weisen einsetzen. Eine der einfachsten und effektivsten Methoden ist es, den entsprechenden Heilstein als Schmuckstück in Form von einer Halskette, einem Ring, Ohrringen oder einem Armband zu tragen. Du kannst auch mit einem bestimmten Stein meditieren und ihn dabei auf das betroffene Chakra legen. Oder du trägst den Heilstein als Trommelstein immer bei dir, zum Beispiel in deiner Hosentasche. Du kannst auch deinen Schlaf nutzen, wenn dein Unterbewusstsein besonders empfänglich ist. Lege den passenden Heilstein unter dein Kopfkissen und setze die Intention, dass er dir im Schlaf die Energie zukommen lässt, die dein System zum Ausgleich braucht.

leuchten. Wenn du Achtsamkeit und Verständnis für deine unbewussten Programmierungen entwickelst, wirst du wichtige Informationen zu deinen Blockaden gewinnen können.

Du wirst in diesem Buch viele praktische Übungen kennenlernen, die dir helfen können, positive Veränderungen in deinen Chakren zu fördern. Du musst nicht jede davon als passend für dich empfinden. Füge aber diejenigen, bei denen du merkst, dass sie dir helfen, zu deiner Self-Care-Routine hinzu. Dabei solltest du regelmäßig und konsequent zu ihnen zurückkommen. Nicht nur dann, wenn es dir schlecht geht. Genauso wie du eine Beziehung zu einem Menschen, der dir viel bedeutet, jeden Tag pflegst und nicht nur in Zeiten, in denen es kriselt, solltest du auch deinen Energiekörper pflegen.

DEINE CHAKREN IM ÜBERBLICK

Du hast nun gelernt, wie das Chakren-System funktioniert. Du weißt, wie Blockaden zustande kommen, mit welchen Mitteln du sie lösen kannst und du hast dich mithilfe des Chakra Scannings mit der Energie deiner einzelnen Chakren verbunden. Jetzt werfen wir einen noch tieferen Blick auf deine Energiezentren. Wir erkunden gemeinsam, was sie einzeln für sich genommen bedeuten und welche individuellen Themen in ihnen liegen. So kannst du ganz genau für dich bestimmen, welches Chakra besondere Aufmerksamkeit von dir verlangt und was du unternehmen kannst, um es wieder in seinen gesunden Fluss zu bringen.

DAS ERSTE CHAKRA: WURZELCHAKRA (MULADHARA)

Das Wurzelchakra befindet sich am Beckenboden bzw. am unteren Ende deiner Wirbelsäule. Seine Farbe ist Rot und das zugehörige Element ist Erde. Es steht für dein Fundament im Leben und deine Verbindung zur Erde. Das Wurzelchakra ist in erster Linie mit deinem Überleben beschäftigt. Die Bereiche, über die dieses Energiezentrum bestimmt, sind die materielle Welt, deine physische Struktur und deine soziale sowie finanzielle Position im Leben.

Wenn das Wurzelchakra offen und ausgeglichen ist, fühlst du dich sicher in deiner Fähigkeit, Herausforderungen zu meistern und auf eigenen Beinen zu stehen. Dein Fundament ist gefestigt und du bist zuversichtlich sowie selbstbewusst.

Energiemangel im Wurzelchakra

Zu wenig Energie im Wurzelchakra kann sich dadurch äußern, dass du dich von deinem Körper getrennt fühlst. Möglicherweise bist du untergewichtig, kannst dich nicht fokussieren und organisieren und es fehlt dir an Disziplin. Du fühlst dich ängstlich, verlassen, unsicher und rastlos. Vielleicht hast du auch mit finanziellen Problemen zu kämpfen und machst dir Sorgen um grundlegende Bedürfnisse.

Energieüberschuss im Wurzelchakra

Zu viel Energie im Wurzelchakra kann dazu führen, dass du dich gern überisst und übergewichtig bist. Du sammelst womöglich gern Dinge an und hältst an ihnen fest. Dein Energielevel ist unten und du fühlst dich träge. Alles fällt dir schwer. Veränderungen machen dir Angst und du sehnst dich nach Sicherheit.

Wurzelchakra ausgleichen

Um das Wurzelchakra auszugleichen bzw. in Balance zu halten, solltest du dich regelmäßig mit deinem Körper verbinden. Du kannst es beispielsweise über den Körperscan machen. Aber auch durch körperliche Bewegung, die dir Spaß macht. Das kann Yoga, Tanzen, Joggen oder Fitnesssport sein. Auch Massagen sind ein guter Weg, um die Verbindung zum eigenen Körper zu stärken. Handwerklichen Tätigkeiten, Gartenarbeiten und Basteln werden auch positive Eigenschaften in Bezug auf das Wurzelchakra zugesprochen. Vielleicht hast du Freude daran, eigenen Schmuck herzustellen oder zu töpfern? Finde es heraus und beobachte, wie du dich während der jeweiligen Tätigkeit fühlst.

Heilsteine fürs Wurzelchakra: Rauchquarz, roter Jaspis, schwarzer Turmalin

DAS ZWEITE CHAKRA: SAKRALCHAKRA (SVADHISHTHANA)

Das Sakralchakra liegt an deinen Geschlechtsorganen (etwa zwei Zentimeter unterhalb des Bauchnabels) und steht für deine Kreativität und sexuelle Energie. Seine Farbe ist Orange und Wasser sein Element. Das zweite Chakra fördert deine Fähigkeit, Dinge zu erschaffen, zu nähren und dein Bedürfnis nach Liebe und Zärtlichkeit auszudrücken. Es bestimmt auch, wie du mit deinen Gefühlen und denen anderer umgehst. Deine Sehnsüchte, Bedürfnisse und Wünsche sind in deinem Sakralchakra abgebildet. Deswegen spielt es eine große Rolle bei der Entwicklung deiner Persönlichkeit.

Wenn dein Sakralchakra ausgeglichen ist, so ist dein Umgang mit dir selbst und anderen mitfühlend und freundlich. Du lebst deine Kreativität aus und bist emotional sowie sexuell erfüllt. Du kannst ohne Schuldgefühle genießen.

Energiemangel im Sakralchakra

Zu wenig Energie im Sakralchakra äußert sich dadurch, dass du dich steif und unflexibel fühlst. Dir fehlt es an Inspiration und du erlaubst es dir nicht, Spaß zu haben. Es fällt dir schwer, sozial zu interagieren. Möglicherweise fehlt es dir auch an Leidenschaft und Begeisterung. Dein sexuelles Interesse ist beeinträchtigt.

Energieüberschuss im Sakralchakra

Wenn du zu viel Energie im Sakralchakra hast, bist du fast süchtig nach Vergnügen und möglicherweise auch sexuellen Aktivitäten. Deine Gefühlswelt ist eine reine Achterbahnfahrt. Du leidest unter Stimmungsschwankungen und emotionalen Krisen. Dein emotionaler Zustand hängt stark von anderen ab und du hast das Gefühl, dein Leben nicht im Griff zu haben.

Sakralchakra ausgleichen

Übe dich darin, deinen Sinnen zu vertrauen und das Erleben deines Selbst und deiner Umwelt mit deinen Sinnen zu genießen. Das kannst du auf verschiedene Weisen tun. Entdecke internationale Küchen, tanze durch deine Wohnung zu deiner Lieblingsmusik, schaue dir Kunstausstellungen an oder fange an, selbst Kunst zu schaffen. Erlaube dir zu fühlen und setze angestaute Emotionen wie Wut, Schuld oder Scham frei.

Heilsteine fürs Sakralchakra: Apricot, Mondstein, Honigcalcit, Karneol

DAS DRITTE CHAKRA: SOLARPLEXUS-CHAKRA (MANIPURA)

Das Solarplexus-Chakra befindet sich in der Mitte deines Körpers – zwischen deinem Bauchnabel und deiner Brust. Seine Farbe ist Gelb und es ist verbunden mit dem Element Feuer. Dieses Energiezentrum ist die Quelle deiner persönlichen Kraft. Es steht für Selbstermächtigung, Selbstvertrauen und -bewusstsein, Selbstwert, Willenskraft sowie Macht. Das Solarplexus-Chakra verbindet dich mit der Fähigkeit, selbstsicher durchs Leben zu gehen.
Ist es ausgeglichen, so strahlst du Wärme aus, hast ein gesundes Selbstbewusstsein, das nicht in Arroganz überschlägt. Du begegnest dem Leben auf

spielerische Weise und trägst eine gewisse Spontanität in dir. Deine Ziele gehst du voller Überzeugung an und erschaffst dir so ein harmonisches Leben, das mit deiner Berufung in Verbindung steht.

Energiemangel im Solarplexus-Chakra

Ist dein Solarplexus Chakra energetisch unterversorgt, fühlst du dich körperlich und emotional ausgelaugt. Du hast Schwierigkeiten, diszipliniert zu bleiben und deinen eigenen Wert anzuerkennen. Möglicherweise zeigst du dich unzuverlässig, passiv, überaus vorsichtig und nicht wirklich entscheidungsfreudig. Es ist sehr leicht, dich zu manipulieren und du findest dich dauernd in der Opferrolle wieder, anstatt am Steuerrad deines Lebens. Du trägst außerdem viel Scham, Selbstzweifel und Unsicherheit mit dir.

Energieüberschuss im Solarplexus-Chakra

Wenn du zu viel Energie in deinem Solarplexus hast, kann es dazu kommen, dass du ein aggressives und dominantes Verhalten aufzeigst. Du bist wettbewerbsgetrieben, manipulativ und kontrollierst gern alles um dich herum. Dazu trittst du arrogant und überaus stur auf. Außerdem hast du ein extremes Machtbedürfnis.

Solarplexus-Chakra ausgleichen

Konntest du zu wenig Energie in deinem Solarplexus-Chakra feststellen, dann stelle dich einer Angst und gehe ein Risiko ein. Natürlich sollte dies nichts Lebensbedrohliches sein. Schreibe die Bewerbung, bitte die eine Person um ein Date, buche den Urlaub allein... Hinterfrage auch deine Zweifel! Gibt es Beweise für das, was dein innerer Kritiker dir zuflüstert? Fordere ihn heraus und freunde dich mit Misserfolgen an. Nutze »Fehltritte« für dich und nicht gegen dich, denn durch sie kannst du eine Menge lernen.

Wenn du zu viel Energie in deinem Solarplexus-Chakra aufdecken konntest, dann bringe Stück für Stück mehr Achtsamkeit in deinen Alltag. Besonders gut geeignet sind Meditationen und Übungen, die dich in einen völlig entspannten Zustand bringen.

Heilsteine fürs Solarplexus-Chakra: Citrin, Pyrit, Sonnenstein

DAS VIERTE CHAKRA: HERZCHAKRA (ANAHATA)

Das Herzchakra befindet sich in der Mitte deiner Brust, am Herzen. Seine Farbe ist Grün bzw. Rosa. Es ist dem Element Luft zugeordnet. Dieses Energiezentrum widmet sich ganz der Liebe und dem Mitgefühl – sowohl gegenüber dir selbst als auch anderen. Es möchte dich lehren, vom Tun ins Sein überzugehen. Das Herzchakra steht auch für Balance, Beziehungen, Dienst, Intimität, spirituelles Bewusstsein und Vergebung.

Vergebung ist das Annehmen und Abgeben unserer unangenehmen Erfahrungen und Gefühle. Etwas, das wir auch nur für uns tun können.

Wenn es ausgeglichen ist, bist du mitfühlend und liebevoll. Du bist empathisch, kannst dich freuen, hast gesunde Grenzen und weißt, wie du dich emotional regulieren kannst.

Energiemangel im Herzchakra

Hast du zu wenig Energie in deinem Herzchakra, so bist du nicht gerade sozial und lebst vielleicht eher zurückgezogen. Du bist dir selbst und anderen gegenüber kritisch und verurteilend. Und dennoch bist du ständig auf der Suche nach Liebe und Aufmerksamkeit. Ein Energiemangel im Herzchakra kann zu Depressionen, Einsamkeit und Bindungsangst führen.

Energieüberschuss im Herzchakra

Wenn du zu viel Energie in deinem Herzchakra hast, so bist du möglicherweise sehr anhänglich und emotional abhängig. Du opferst dich gern über die Maße für andere auf und hast unrealistische Ansprüche an deine Beziehungen. Eifersucht, Kummer, Hass, Groll und die Angst, betrogen zu werden, begleiten dich.

Herzchakra ausgleichen

Um dein Herzchakra auszugleichen, hilft es, Tagebuch zu führen. Schreibe jeden Tag für fünf bis zehn Minuten auf, was du fühlst und denkst. Sei ehrlich zu dir selbst und schütte dein Herz aufs Papier aus. Nimm deine Beziehungen unter die Lupe. Was und wer ist dir wichtig? Warum? Lass unterdrückten Groll los und übe dich darin, dich selbst anzunehmen.

Heilsteine fürs Herzchakra: Malachit, Peridot, Rosenquarz

DAS FÜNFTE CHAKRA: KEHLCHAKRA (VISHUDDHA)

Das Kehlchakra befindet sich an deiner Kehle und es ist das Energiezentrum, durch das wir der Welt unsere Wahrheit mitteilen. Seine Farbe ist Hellblau und sein Element ist Äther. Es geht also um Raum – die Essenz der Leere, in der unser wahres Selbst existiert. Durch das Kehlchakra gibst du dem Inneren deines Herzens eine Stimme und empfängst dabei gleichzeitig die Wahr-

heiten der Welt um dich herum. Das zentrale Thema des Kehlchakras ist somit die Kommunikation. Es ist auch deine Aufstiegsleiter zu den höheren Chakren – dem Dritten Auge und Kronenchakra –, die für die Erweiterung deines spirituellen Bewusstseins verantwortlich sind.
Ist dein Kehlchakra ausgeglichen, so ist deine Stimme klangvoll und deine Kommunikationsweise klar und deutlich. Du bist durchgängig in der Lage, die Wahrheit zu sagen und dich frei sowie verständlich auszudrücken. Für andere bist du ein guter Zuhörer und dein Leben gibt dir viel kreativen Raum.

Energiemangel im Kehlchakra

Zu wenig Energie zeigt sich im Kehlchakra dadurch, dass es dir schwerfällt, deine Emotionen in Worte zu fassen. Du hast Angst, deine Meinung kundzutun und bist vielleicht sogar sehr schüchtern. Der Gedanke, dass andere dich verurteilen könnten, macht dir große Sorgen und deswegen bevorzugst du es, nicht so viel von dir preiszugeben.

Energieüberschuss im Kehlchakra

Wenn dein Kehlchakra zu viel Energie angesammelt hat, teilst du dich übermäßig viel mit. Es fällt dir schwer, zuzuhören, andere nicht zu unterbrechen und den Fokus zu halten. Möglicherweise lästerst du gern und bist an Klatsch und Tratsch interessiert. Deine Stimme zeigt sich sehr laut und eindringlich.

Kehlchakra ausgleichen

Um das Kehlchakra auszugleichen, darf deine Stimme zum Einsatz kommen. Singen, Summen, Schreien, Stimmarbeit oder auch Klangheilung sind dafür hervorragend geeignete Methoden. Dabei ist es völlig egal, wie du dich anhörst, wichtig ist nur, dass du deine Stimmbänder anstrengst. Wenn du einen Energieüberschuss in deinem Kehlchakra feststellen konntest, dann räume dir Momente der Stille ein und übe es, diese auszuhalten. Frage dich auch, wie für dich ein guter Zuhörer aussieht. Welche Eigenschaften hat ein solcher? Beobachte dich dann selbst als Zuhörer und gleiche deine Qualitäten damit ab. Versuche, die Lücken Stück für Stück zu schließen.

Heilsteine fürs Kehlchakra: Aquamarin, Chalcedon, Larimar

DAS SECHSTE CHAKRA: DRITTES-AUGE-CHAKRA (AJNA)

Das Dritte Auge sitzt zwischen deinen Augenbrauen und steuert deine Intuition. Seine Farbe ist Indigoblau und sein Element das Licht. Es erlaubt dir, in allem das Heilige und Göttliche wahrzunehmen und Zugang zu tieferen Wahrheiten zu bekommen. Das Dritte Auge steht auch für deine Träume, Vorstellungskraft und tiefe Erkenntnisse.
Ist es ausgeglichen, so bist du in der Lage, das große Ganze zu sehen. Du vertraust auf dein Bauchgefühl und nimmst Dinge auch unterhalb der Oberfläche wahr. Deine Hellsinne sind stark ausgeprägt, du hast also Eingebungen in Form von Geistesblitzen oder Visionen.

Energiemangel im Dritten-Auge-Chakra

Hast du zu wenig Energie im Dritten Auge, so neigst du zu Zynismus, bist engstirnig und glaubst nur das, was du siehst. Du hast möglicherweise ein schlechtes Gedächtnis und deine Vorstellungskraft ist eingeschränkt. An deine Träume kannst du dich so gut wie nie erinnern und du hast auch keine Vision von deiner Zukunft.

Energieüberschuss im Dritten-Auge-Chakra

Zu viel Energie im Dritten-Auge-Chakra zeigt sich dadurch, dass du dazu neigst, in deinen Träumen zu leben. Du hängst an Illusionen fest und hast Schwierigkeiten damit, dich zu konzentrieren. Oft begleiten dich Albträume. Es kann auch sein, dass du deine Spiritualität auf ungesunde Weise auslebst, indem du zum Beispiel toxischer Positivität verfällst oder dein gesamtes Verhalten als Intuition geleitet rechtfertigst.

Drittes-Auge-Chakra ausgleichen

Um dein Drittes-Auge-Chakra auszugleichen, solltest du dich mit deinen Träumen beschäftigen. Jeder Mensch träumt, viele erinnern sich nach dem Aufwachen nur nicht mehr daran. Halte ein Tagebuch und einen Stift neben deinem Bett bereit und schlafe mit der Intention ein, dass du dich an deine Träume erinnern willst. Sobald du wach wirst, schreibe alles auf, was du von deinem Traum noch behalten konntest, so unbedeutend und klein es dir

auch vorkommen mag. Du wirst merken, dass du dich mit der Zeit dadurch immer mehr an deine Träume erinnern wirst.
Alles, bei dem du deiner Fantasie freien Lauf lassen kannst, unterstützt den Energiefluss im Dritten-Auge-Chakra. Wichtig ist dabei, dass du dich auf den Prozess und nicht auf das Ergebnis konzentrierst. Wenn du also beispielsweise malen möchtest, dann genieße den Entstehungsprozess deines Bildes und verleihe deinen Gefühlen und Gedanken Ausdruck dadurch. Ob das Bild am Ende künstlerischen Wert hat, spielt hier absolut keine Rolle.
Visualisierungsmeditationen sind für die Aktivierung deines Dritten Auge Chakras ebenfalls sehr wirkungsvoll.

Heilsteine fürs Dritte-Auge-Chakra: Amethyst, Labradorit, Lepidolith

DAS SIEBTE CHAKRA: KRONENCHAKRA (SAHASRARA)

Das siebte Chakra liegt direkt über deinem Kopf wie eine Art Krone. Seine Farbe ist Violett und sein Element ist das Universum selbst. Das Kronenchakra ist also mit keinem stofflichen Element verbunden, was es von den anderen Chakren unterscheidet. Es überschreitet den physischen Körper und die Materie. Es steht für deine Fähigkeit, dich mit dem Universum sowie deiner eigenen Spiritualität zu verbinden.
Ist das Kronenchakra ausgeglichen, so hast du Zugang zu einem höheren Bewusstsein, das außerhalb der menschlichen Existenz besteht. Du verfügst über einen ausgesprochenen Ideenreichtum, bist weltoffen und aufmerksam. Außerdem trägst du eine geistige Reife und Weisheit in dir. Informationen kannst du leicht aufnehmen und verarbeiten. Du betrachtest die Welt mit neugierigen Augen, hast ein breites Verständnis sowie Einfühlungsvermögen und ein Gespür für spirituelle Verbundenheit.

Energiemangel im Kronenchakra

Ein Energiemangel im Kronenchakra äußert sich dadurch, dass du dich abgekoppelt und isoliert fühlst. Du hast den Eindruck, von deiner Umwelt nicht verstanden zu werden. Dein Augenmerk liegt stark auf materiellen Dingen, möglicherweise sogar auf unnötigem Luxus. Du versuchst, dich dadurch zu definieren und aufzuwerten. Möglicherweise bist du zynisch und ziehst spirituelle Themen ins Lächerliche. Vielleicht versuchst du, andere zu dominieren oder missbrauchst deine Macht in einer bestimmten Position.

Energieüberschuss im Kronenchakra

Zu viel Energie im Kronenchakra kann zu wahnhaften Gedanken führen. Auf die Meinung anderer nimmst du keine Rücksicht, sondern verfolgst vehement deine illusorischen Vorstellungen. Du hast eine exzessive Beziehung zu deiner Spiritualität aufgebaut und hast möglicherweise den Kontakt zu deinem Leben im menschlichen Körper verloren.

Kronenchakra ausgleichen

Um das Kronenchakra auszugleichen, ist die Meditation das beste Mittel. Hast du zu wenig Energie feststellen können, so erlaube deinem Verstand, neue Dinge zu erkunden. Du könntest etwas Neues erlernen, indem du dir zu einem bestimmten, dir noch unbekannten Thema Bücher anschaffst. Probiere dich aus und lass dich auf Neuland ein. Beleuchte auch deine Einstellung zu spirituellen Themen. Wenn du zu viel Energie in deinem Kronenchakra hast, dann arbeite an deiner Erdung und Verbindung zu deinem Körper, beispielsweise mit dem Körperscan. Du kannst aber auch jegliche Form der körperlichen Bewegung oder Handarbeit dafür nutzen.

Heilsteine fürs Kronenchakra: Apophyllit, Selenit, Regenbogenmondstein

»Alles ist eins, und alles ist verschieden.«

Blaise Pascal

Meditation zum Ausgleich deiner Chakren

Diese Meditation unterstützt dich dabei, die Energien in deinen Chakren auf einfache und kraftvolle Weise auszugleichen. Folge den nachstehenden Schritten und widme dabei jedem Chakra mindestens 30 Sekunden Zeit. Sei offen für deine körperlichen Empfindungen und versuche wahrzunehmen, was hochkommt, ohne es zu bewerten.

1. **Suche dir einen ruhigen Platz, an dem du für die nächsten 10–15 Minuten für dich sein kannst.** Am besten bleibst du für diese Meditation sitzen, um zu vermeiden, dass du einschläfst.
2. **Schließe deine Augen und atme durch die Nase tief in deinen Bauch ein.** Mach ihn groß und rund. Atme langsam durch den Mund wieder aus. Stell dir dabei vor, dass du Frieden und Ruhe einatmest und Anspannung und Stress ausatmest. Wiederhole den Vorgang fünf Mal.
3. **Beginne deinen Fokus auf dein Wurzelchakra zu legen.** Stell dir vor, dass du einen zarten roten Nebel durch die Nase einatmest und in dein Wurzelchakra leitest. Damit lässt du das Gefühl von Sicherheit und Geborgenheit in dein System. Sieh dabei zu, wie sich der rote Nebel zu einem immer größer werdenden leuchtenden Energierad formt. Atme durch den Mund aus und lasse dabei alle Ängste und Sorgen los. Dein Atem trägt sie aus deinem System. Dabei sagst du jedes Mal folgende Affirmation auf: „Ich bin sicher und geerdet." Wiederhole diesen Vorgang mindestens drei Mal.
4. **Lege dein Bewusstsein nun in dein Sakralchakra.** Stelle dir vor, wie du einen zarten orangenen Nebel durch die Nase einatmest und in dein Sakralchakra führst. Lade dabei Lebensfreude, Verspieltheit und Kreativität ein.

Der orangene Nebel sammelt sich in deinem Energiezentrum an und wird immer größer und kräftiger. Beim Ausatmen durch den Mund leitest du (Selbst-) Vorwürfe, Scham- und Schuldgefühl sanft aus deinem Energiekörper raus. Dabei sprichst du jedes Mal folgende Affirmation: „Ich bin kreativ und erlaube mir, Freude sowie Lust zu empfinden." Wiederhole diesen Vorgang mindestens drei Mal.

5. **Konzentriere dich nun auf dein Solarplexus-Chakra.** Stell dir vor, dass du einen warmen, gelb leuchtenden Sonnenstrahl durch die Nase einatmest und in dein Solarplexus-Chakra leitest. Mit dem Einatmen lässt du Selbstermächtigung, Stärke, Mut, Selbstbewusstsein und Schöpferkraft in dein System. Der Strahl breitet sich in deinem Energiezentrum immer weiter aus und wird größer und größer. Atme durch die Nase aus und lasse all die Enttäuschungen und Zweifel los, die dich daran hindern, in deine eigene Kraft zu treten. Begleite diesen Prozess durch folgende Affirmation: „Ich bin selbstsicher, stark und fühle mich bereit, Herausforderungen anzunehmen." Wiederhole den ganzen Vorgang mindestens drei Mal.

6. **Schenke deine Aufmerksamkeit nun deinem Herzchakra.** Atme zarten grünen Nebel durch deine Nase ein und leite diese Energie weiter bis zu deinem Herzchakra. Nimm die Energie von Liebe, Freundlichkeit, Vergebung und Dankbarkeit, die dein Atem jetzt trägt, dort auf. Atme durch die Nase aus und lass Verbitterung, Traurigkeit und Groll über deinen Atem entweichen. Dabei wiederholst du jedes Mal folgende Affirmation: „Mein Herz ist voll von bedingungsloser Liebe für mich selbst und alle anderen Wesen." Gehe diesen Prozess mindestens drei Mal durch.

7. **Gehe weiter zu deinem Kehlchakra.** Stelle dir vor, wie du zarten hellblauen Nebel durch die Nase einatmest und in deinem Kehlchakra sammelst. Dort wird der Nebel zu einer immer größer werdenden hellblauen Energiekugel. Mit dem Einatmen leitest du den Mut, deine Wahrheit offen und klar auszudrücken, in dein Kehlchakra. Atme durch die Nase aus und löse dich dabei von der Angst, verurteilt zu werden. Sie weicht mit deinem Atem aus deinem Energiekörper. Unterstütze dich bei diesem Prozess mit folgender Affirmation: „Meine Stimme zählt, meine Worte sind mächtig." Wiederhole den gesamten Vorgang für das Kehlchakra mindestens drei Mal.

8. **Konzentriere dich jetzt auch dein Drittes-Auge-Chakra.** Stell dir vor, wie du einen zarten indigoblauen Nebel einatmest und nach oben zu deinem Dritten-Auge-Chakra leitest. Mit dem Atem lädst du Vertrauen, Bewusstsein und die Verbindung zu deiner Intuition ein. Sieh dabei zu, wie sich der indigoblaue Nebel in deinem Energiezentrum sammelt und immerzu wächst. Beim Ausatmen durch den Mund lässt du all das, was dich daran hindert, deiner Intuition zu folgen, los. Sprich dabei jedes Mal die folgende Affirmation: „Ich bin weise, intuitiv und mit meinem inneren Kompass verbunden." Wiederhole den Vorgang mindestens drei Mal.

9. **Zu guter Letzt darfst du dich deinem Kronenchakra widmen.** Atme zarten violetten Nebel durch die Nase ein und drücke ihn hoch bis kurz über deinen Kopf. Sieh dabei zu, wie er sich dort sammelt und zu einer immer größer werdenden Kugel wird. Mit dem Einatmen lädst du das Gefühl des vollkommenen Verbundenseins ein. Beim Ausatmen durch den Mund lässt du den Weltschmerz und das Gefühl der Isoliertheit aus deinem System weichen. Dabei unterstützt du dich mit folgender Affirmation: „Ich bin eins mit allem, was ist." Wiederhole den Prozess für dein Kronenchakra mindestens drei Mal.

10. **Schließe die Meditation ab,** indem du dich über dein Wurzelchakra erdest. Stell dir vor, dass lange starke Wurzeln aus dem Energiezentrum in die Erde wachsen und dir festen Halt und Sicherheit geben.

11. **Wenn du so weit bist, öffne deine Augen,** komme langsam wieder im Hier und Jetzt an. Trinke ein Glas Wasser und nimm dein Journal zur Hand. Schreibe alle Empfindungen und Eindrücke auf, die du die letzten Minuten sammeln durftest.

Selbst wenn es dir beim ersten Mal schwergefallen ist, dich in die Visualisierungen einzufühlen, kannst du unheimlich stolz auf dich sein! Du hast dir Zeit für dich genommen und deinem Körper signalisiert: „Du bist mir wichtig." Das ist ein bedeutender Schritt und ich versichere dir, Visualisieren und Meditieren ist eine reine Übungssache! Bleib also dran!

AURA – DAS ENERGIEFELD DEINES KÖRPERS

Hast du schon mal gewusst, was jemand denkt bzw. fühlt, bevor er oder sie es überhaupt ausgesprochen hat? Oder hast du schon mal bei einer Person ein schlechtes Gefühl gehabt, ohne jemals ein Gespräch mit ihr geführt zu haben und ohne genau zu wissen warum? Nun, wenn dem so ist, dann hast du deine Aura »live in action« erlebt. Egal, wo wir hingehen, nehmen wir die Energien anderer Menschen über unsere Aura wahr. Dir mag das nicht bewusst sein, aber du empfängst andauernd Signale aus den Auren anderer Menschen, die gerade in deiner Nähe sind. Sie ist wie eine Art Sensor oder Scanner für deine Umgebung. Deine Aura sammelt u.a. Informationen darüber, ob eine Person energetisch zu dir passt oder nicht. Wenn eine Person nicht passt, heißt es nicht, dass sie schlecht oder böse ist. Es bedeutet nur, dass sie eine komplett andere Schwingung hat als du. Das funktioniert genauso andersherum. Menschen interagieren unbewusst mit deiner Aura und können so auf subtiler Ebene feststellen, ob es zwischen euch harmonieren könnte oder eben nicht. Möglicherweise hast du schon mal ein Kompliment bekommen wie »Du hast eine schöne Aura« oder »Ich mag deine Ausstrahlung«.

Vielleicht hast du auch schon mal die Atmosphäre in einen Raum spüren können, bevor du ihn betreten hast. Da sich deine Aura bis zu 10 Meter und mehr vor deinem physischen Körper erstreckt, kann sie Energien und Schwingungen schon »vorfühlen«, bevor du überhaupt mit deinem physischen Körper dort ankommst. Die äußeren feineren Schichten deiner Aura können ganz einfach durch physische Materie wie z. B. Türen und Wände hindurchgehen. Deine Aura hat eine gewisse Schutzfunktion und hilft dir, Energien sowie Emotionen zu verarbeiten – sowohl deine eigenen als auch die aus deiner Umgebung.

Ein Foto deiner Aura – Die Kirilianfotografie

Die Kirilianfotografie ist eine Methode, mit der sich das energetische System von Menschen wie auch anderen Lebewesen abbilden lässt. Daher wird sie auch Aura-Fotografie genannt. Um ein solches Aura-Foto zu machen, legst du deine Hände auf zwei Sensorplatten, mittels derer die abstrahlende Energiefrequenz gemessen wird. Ein Computer verarbeitet diese Messdaten dann weiter und ordnet sie entsprechenden Farbschwingungen zu. Das sendet er im nächsten Schritt an die Kamera, die daraus ein Sofortbild entwickelt. Fertig ist das Foto deiner Aura! Auf dem Foto siehst du den strahlenden Lichtkranz und die verschiedenen Schichten sowie Farben deines energetischen Feldes um deinen Oberkörper herum. Je nachdem, wo welche Farbe zu sehen ist, lassen sich Schlussfolgerungen darauf ziehen, in welchem Lebensbereich welche Energie vorwiegt.

Einige Heilpraktiker bieten Aura-Fotografie in ihrer Praxis an. Anhand der Fotos lesen sie deinen derzeitigen Energiezustand ab. Derzeitig deswegen, weil sich deine Energie ständig verändert. Ein Aura-Foto, das du vor drei Monaten hast machen lassen, kann völlig anders aussehen als eins von heute. Geschulte Heilpraktiker können an deinem Aura-Foto erkennen, welche Energie du ausstrahlst, wie du dich fühlst, wie du mit deinen Gefühlen umgehst, wie andere dich wahrnehmen, welchen Lebensstil du pflegst, wie du sozial interagierst, wie du dich selbst ausdrückst und welche Energie dein Herz trägt. Die Kirilianfotografie ist jedoch kein Mittel, um Aussagen über deinen Gesundheits- oder Krankheitszustand zu treffen. Sie ist lediglich ein Messmittel für deinen Energiezustand. Die Methode wird kontrovers diskutiert und viele zweifeln daran, ob sich wirklich die Aura von Lebewesen darauf zeigt. Ich habe die Erfahrung schon machen dürfen und kann es sehr empfehlen, ein solches Foto seiner Aura anfertigen zu lassen. Allein die Ästhetik des Fotos ist es wert.

Ein Foto meiner Aura, das ich bei einer Heilpraktikerin habe machen lassen.

Sie umschließt deinen gesamten physischen Körper und dehnt sich in alle Richtungen aus. Stell sie dir als eine ovalförmige in verschiedenen Farben leuchtende Hülle um dich herum vor. Die Aura eines Menschen ist nicht immer gleich groß. An einem Tag kann sie sich weiten, an einem anderen Tag hingegen schrumpfen. Das hängt von einer Menge Faktoren ab, z. B. davon, wie dein gesundheitlicher Zustand auf körperlicher und emotionaler Ebene zurzeit aussieht. Oder davon, wie wohl du dich mit den Menschen in deiner Umgebung fühlst, in der du dich gerade befindest. Eine hell leuchtende Aura kann auf einen gesunden Körper und Geist hinweisen; eine trübe Aura hingegen auf Ungleichgewichte. Es können auch Farbwolken und Farbflecken auftreten, die sich mit der Zeit verändern können. Für gewöhnlich haben Menschen zwei dominierende Farben in ihrer Aura. Diese kommen vor allem im Kopfbereich zum Vorschein.

Auren sehen, lesen und verstehen

Du kannst lernen, Auren zu sehen. Es erfordert jedoch viel Übung und Geduld. Starte am besten mit deiner eigenen Aura. Danach kannst du mit anderen Menschen anfangen zu üben.

DEINE EIGENE AURA LESEN LERNEN

1. **Setze dich mit einem Abstand von ungefähr zwei Metern vor einen großen Spiegel,** in dem du dich mindestens ab deinem Brustbereich sehen kannst.
2. **Der Hintergrund, vor dem du sitzt, sollte bestenfalls weiß** oder zumindest hell sein.
3. **Atme ein paar Mal tief ein und aus** und fange an, dich im Spiegel zu betrachten.
4. **Fokussiere deinen Blick auf die Mitte deiner Stirn** und lege die Intention fest, deine Augen für dein energetisches Feld zu öffnen.
5. **Nun entspannst du deinen Blick,** verlässt deinen Fokus, bleibst mit den Augen aber immer noch auf der Mitte deiner Stirn. So als würdest du durch dich hindurchsehen. Stell es dir vor wie bei einer Kamera, bei der du den Fokus von scharf zu unscharf wechselst. Du darfst dabei blinzeln.
6. **Ganz entspannt, deinen Augenfokus weiterhin auf unscharf gestellt** und ohne die Augen zu bewegen, scannst du jetzt den Rand deines Kopfes und deiner Schultern. Dein Blick ist dabei nicht auf deinen Körper selbst gerichtet, sondern auf die äußerste Umrandung deines Oberkörpers und Kopfes.

7. **Nach einiger Zeit sollte sich deine Aura langsam zeigen.** Vielleicht siehst du zunächst nur einen weiß leuchtenden Nebel um dich herum. Bleib weiter dran! Mit viel Übung wirst du bald auch Farben sehen können.

Übe täglich zwei bis drei Minuten lang. Setze dich selbst nicht unter Druck und versuche, das Ergebnis nicht gleich am ersten Tag zu erzwingen. Sobald sich dein Kopf einschaltet, versperrt er dir den Blick für das Aurafeld. Sei geduldig mit dir. Es ist völlig normal, dass du dich müde fühlst, wenn du einen bestimmten Punkt länger als 20 Sekunden lang fokussierst. Wenn du merkst, dass deine Konzentration nachlässt, beginne die Übung von vorne. Solltest du dich dann immer noch nicht wirklich konzentrieren können, dann kehre am nächsten Tag wieder zur Übung zurück. Hab Vertrauen darauf, dass du schon bald die Farben deiner Aura sehen wirst.

Die Ausstrahlung eines Menschen spricht lauter als seine Worte.

DIE AURAFARBEN

Sobald du anfängst, die Farben deiner Aura und sogar der von anderen Menschen sehen zu können, wirst du natürlich auch verstehen wollen, was sie bedeuten. Die Farben der Aura können sich über die Zeit und je nach Lebensphase verändern. Die Sättigung oder Helligkeit einer Farbe in der Aura kann verschiedene Dinge anzeigen. Eine trübe und dunkle Ausprägung der Farbe deuten auf eher negative Aspekte hin. Eine hell leuchtende und satte Ausprägung betont die positiven Aspekte einer Farbe. Es müssen nicht alle Farbbedeutungen auf dich oder die jeweilige Person zutreffen. Die folgende Übersicht bietet dir eine Bandbreite von Bedeutungen, an denen du dich orientieren kannst.

INTERPRETATION DER AURAFARBEN

- Rot – geerdet, leidenschaftlich, selbstbewusst, kreativ, abenteuerlustig, risikofreudig, extrovertiert, furchtlos, zielstrebig, impulsiv, launisch, Tendenz zu geringer Aufmerksamkeitsspanne
- Orange – sinnlich, kreativ, beziehungsorientiert, kooperativ, impulsiv, enthusiastisch
- Gelb – lebhaft, selbstsicher, selbstbewusst, optimistisch, analytisch, intelligent, fleißig, unabhängig, stark ausgeprägtes logisches Denken, vorsichtig, zu Perfektionismus und Selbstkritik neigend
- Grün – geerdet, fleißig, mitfühlend, verzeihend, offenherzig, großzügig, ausgeglichen, Naturliebhaber, zu Eifersucht oder Konkurrenzdenken neigend
- Pink – sensibel, sanft, freundlich, fürsorglich, starkes Bedürfnis nach Liebe und Frieden, loyal, selbstdiszipliniert, lebhafte Fantasie, neigt dazu, zu viel zu geben und vor ungerechten Situationen wegzulaufen
- Magenta – eigenwillig, Freigeist, kreativ, verfolgt eigene Ideale, nicht beeinflussbar
- Blau – philosophisch, intuitiv, gefühlsbetont, ehrlich, kommunikationsstark, transparent, intelligent, starker Selbstausdruck, inspirierend, manchmal zu sehr mit den geistigen Sphären verbunden

- **Türkis** – mitfühlend, empathisch, organisiert, kommunikationsstark, dynamisch, energiegeladen, starke Heilkräfte, multitaskingfähig
- **Violett** – intuitiv, weltoffen, empathisch, selbstbewusst, kraftvoll, anmutig, mystisch, ausgeprägte Hellsinne, sensibel, charismatisch, Sehnsucht nach tiefen Verbindungen
- **Indigoblau** – weise, »alte Seele«, gefühlsbetont, einfühlsam, spontan, mystisch, künstlerisch, blüht in der Verbindung auf, Naturliebhaber, Tendenz, in eine eigene Welt zu flüchten, verurteilend
- **Gold** – stolz, unabhängig, liebevoll, fürsorglich, spirituell, extravagant, anziehend
- **Weiß** – ruhig, intuitiv, offen, rein, ausgeglichen, mit Gaben gesegnet, neigt dazu, die Energien anderer aufzunehmen
- **Braun** – mutig, unterstützend, kraftvoll, geerdet, freundlich, intelligent, pflichtbewusst, weise, selbstbezogen, egoistisch, ängstlich, verwirrt, geringes Selbstvertrauen, entmutigt
- **Schwarz** – standhaft, selbstbewusst, geerdet, kraftvoll, negativ eingestellt, selbstsüchtig, unfreundlich, schwere Last tragend

WAS KANN DEINE AURA SCHWÄCHEN?

Deine Aura ist wie ein energetischer Schutzschild, der sich um dich herumlegt. Sie wehrt negative Energien von dir ab und bewahrt dich so vor Einflüssen, die dir körperlich wie auch emotional schaden würden. Dein Energiefeld ist jedoch nicht unverwundbar und kann durch verschiedene Faktoren geschwächt werden. Dazu gehören:

- Umgang mit toxischen Menschen
- Negative Gedanken
- Andauernde Selbstkritik
- Ungesunder Lebensstil bzw. ungesunde Gewohnheiten wie Trinken, Rauchen, zu wenig Bewegung, zu wenig Schlaf etc.
- Schlechtes Lebensumfeld (z. B. unaufgeräumte Wohnung, ungepflegter Haushalt)
- Unausgeglichene Work-Life-Balance
- Stress

- Schlafen in der Nähe von elektrischen Geräten (Smartphone, Fernseher, Radio etc.)
- Langes Aufhalten in Menschenmengen
- Mangelnde Selbstfürsorge
- Trotzdem weitermachen, obwohl der Körper geschwächt ist
- Probleme anderer zu deinen eigenen machen
- People Pleasing – anderen um jeden Preis gefallen wollen
- Streit, Angst und Trauma
- Fehlen von gesunden Grenzen

Das ist nur ein kleiner Ausschnitt an Möglichkeiten, die dazu führen können, dass deine Aura verletzt wird. Sie wird stark von den Situationen und Menschen beeinflusst, mit denen du interagierst. Da du ständig Energien mit den Menschen um dich herum austauschst, kann es passieren, dass dein Aura-Feld durch überladenen psychischen Ballast geschwächt wird oder sogar die negativen Emotionen und Energien anderer Menschen aufnimmt. Infolgedessen fühlst du dich vielleicht gestresst, demotiviert, ängstlich, gereizt, träge, ungeduldig und entwickelst sogar eine negative Einstellung gegenüber der Welt. Auch dein Immunsystem kann angegriffen werden, so dass du sehr anfällig für Krankheiten wirst. Aber keine Sorge, du hast die meisten Faktoren selbst in der Hand und kannst somit Verletzungen deiner Aura proaktiv verhindern. Außerdem erfährst du auf den folgenden Seiten, wie du deine Aura reinigen, schützen und stärken kannst.

Eins meiner Lieblingstools für genau diesen Zweck sind Auraspravs. Ein Auraspray legt sich wie ein unsichtbarer Mantel um dein energetisches Feld und hindert Fremdenergien daran, es zu durchdringen. Du kannst es nutzen, bevor du aus dem Haus gehst oder wenn du von Meetings oder Treffen zurückkehrst. Denn das Auraspray schützt dein Energiefeld nicht nur, sondern reinigt es auch von Fremdenergien – also Energien, die du von anderen Menschen und Situationen um dich herum aufgenommen hast. Verteile einfach ein paar Sprühstöße um deinen Schulter- und Kopfbereich, schließe deine Augen, genieße den erfrischenden Duft und stell dir vor, wie all der Ballast, der nicht dir gehört, mit dem Duftnebel von dir weicht.

Kreiere dein eigenes Auraspray

Um dein eigenes Auraspray anzumischen, benötigst du folgende Dinge:

- Zerstäuber-Flasche mit 100 ml Fassungsvermögen (bestenfalls wählst du eine Flasche aus dunklem Glas, um den Inhalt vor Lichteinstrahlung zu schützen)
- Einen kleinen Trichter fürs Befüllen der Flasche
- Eine Pipette mit Milliliter-Anzeige
- Destilliertes Wasser
- Lösungsmittel: Caprylyl oder Capryl Glucoside (für 100 ml brauchst du ca. 3–8 ml)

Ätherische Öle und Wasser vermischen sich nicht. Ohne ein Lösungsmittel, das die ätherischen Öle in deinem Auraspray verteilt, schwimmen die Öle einfach auf dem Wasser, wo sie nicht von deinem Zerstäuber aufgenommen werden können. Caprylyl oder Capryl Glucoside ist ein hervorragendes Lösungsmittel für ätherische Öle. Es ist preiswert, wird auf natürlicher Basis gewonnen und ist leicht erhältlich. Du findest im Internet diverse Online-Shops, die das natürliche Lösungsmittel anbieten.

- Konservierungsmittel: Geogard® 221, Cosgard oder Biogard 221 (für 100 ml brauchst du ca. 20 Tropfen)

Damit dein Spray nicht verdirbt oder sich eine Kolonie schädlicher Bakterien bildet, brauchst du ein Konservierungsmittel. Geogard® 221, Cosgard oder Biogard 221 sind zwar synthetischen Ursprungs, aber sie gehören zu den wenigen Konservierungsmitteln, die von Ecocert für Naturkosmetik zugelassen sind. Und du kannst sie leicht und preiswert online erwerben. Alternativ kannst du auch anstelle des destillierten Wassers Vodka mit 40 % Alkoholgehalt nutzen. So könntest du auf das Konservierungsmittel verzichten.

- Naturreine ätherische Öle:
  40 Tropfen Salbei
  30 Tropfen Lavendel
  10 Tropfen Zitronengras
- Optional: ein kleines Stückchen schwarzen Turmalin
- Optional: ½ TL Himalaya-Salz

Desinfiziere deine Flasche vor der Befüllung mit Alkohol (40 %) oder Desinfektionsmittel. Denke dabei auch an den Sprühkopf und den Sprühhalm. Fülle dann die ätherischen Öle in die Flasche. Miss nun mit der Pipette die entsprechende Menge Caprylyl ab und füge sie zu den Ölen in die Flasche hinzu. Darauf folgen 20 Tropfen Geogard®. Jetzt füllst du deine Flasche mit destilliertem Wasser auf. Optional kannst du ein kleines Stückchen schwarzen Turmalin und einen halben Teelöffel Himalaya-Salz dazugeben. Lasse ein klein wenig Luft am Flaschenhals, damit das Einsetzen des Sprühkopfes nicht zum Überlaufen führt. Verschließe die Flasche, schüttle sie kräftig und fertig ist dein Auraspray!

Das Auraspray eignet sich auch perfekt für unterwegs. Ich habe immer eins in meiner Tasche dabei.

Ungesunde Alltagsgewohnheiten können sich negativ auf deine Aura auswirken.

WIE KANNST DU DEINE AURA SCHÜTZEN UND STÄRKEN?

Deine Aura stark und gesund zu halten, birgt viele Vorteile für dich und ist ein wesentlicher Teil der spirituellen Hygiene. Ist deine Aura intakt, so kannst du mit Stress und alltäglichen Belastungen besser umgehen. Sie ist deine erste Verteidigungslinie gegen ungewollte Energien, denen dein System ausgesetzt wird. Deine Aura stellt die Grenze zwischen dir und der Außenwelt dar. So wie deine Haut deinen Körper vor Hitze, Licht, Verletzungen und Infektionen schützt, bewahrt auch deine Aura deinen Energiekörper vor negativen Einflüssen, die tagtäglich auf dich einwirken. Erleidet deine Haut eine Verletzung, beispielsweise durch einen Schnitt, so kann das zu Infektionen führen, wenn die Wunde nicht sorgfältig versorgt wird. Genauso können durch Löcher oder Risse in deiner Aura negative Energien in dein System eindringen und dein Immunsystem sowie Wohlbefinden auf emotionaler wie auch körperlicher Ebene angreifen. Du fühlst dich ausgelaugt und hast keine Kraft mehr für die Dinge im Leben, die dir wichtig sind. Daher ist es von großer Bedeutung, dass du dich regelmäßig um dein Energiesystem sorgst und Gewohnheiten entwickelst, die deine Aura schützen sowie stärken. Deine Aura reagiert sensibel auf deine Gedanken und Intentionen, weshalb sich Visualisierungen und Meditationen besonders gut eignen, um an ihr zu arbeiten.

Meditation zur Stärkung deiner Aura

Die folgende Meditation kannst du täglich nutzen, um deine Aura zu stärken. Sie stellt einen energetischen Kreislauf her. Negative Energien werden dabei in die Erde geleitet und gleichzeitig unterstützt sie dich dabei, die wohlwollende Energie des Universums zu empfangen. Folge dafür den nachstehenden Punkten.

1. NEGATIVE ENERGIEN ABLEITEN

- **Nimm einen aufrechten schulterbreiten Stand ein** und stelle mit deinen Füßen festen Bodenkontakt her.
- **Spüre den Boden** unter deinen Füßen.
- **Fühle,** wie die Erdanziehungskraft deinen Körper auf dem Boden hält, wie sie ihn schwer macht.
- **Stell dir nun vor,** wie all diese Schwere und deine ganze Negativität über deine Wirbelsäule zu deinen Beinen bis hin zu deinen Füßen geleitet wird.
- **Von dort aus verlässt die negative Energie** und all der schwere Ballast deinen Körper. Deine Füße leiten sie in die Erde, wo sie versickern und zu neutraler Energie kompostiert werden.
- **Die Erde weiß genau,** wie sie die Energie verarbeiten muss. Es ist keine Last für sie. Lass den schweren Ballast also ruhigen Gewissens los und gib ihn an Mutter Erde ab.

2. WOHLWOLLENDE ENERGIE EMPFANGEN

- **Wenn du das Gefühl hast,** dich von der negativen Energie und Schwere befreit zu haben, hebe deine Arme hoch über deinen Kopf.
- **Streck dich so hoch** wie du kannst.
- **Rufe nun die schöpferische Kraft des Universums herbei** und bitte darum, dich mit diesem höchsten Licht verbinden zu können.
- **Sobald du merkst,** dass du mit der wohltuenden, kreativen Energie des Universums verbunden bist, leite sie mit deinen Händen in dein Energiefeld.
- **Dafür streichst du mit deinen Händen** entlang deiner Aura und drückst die universelle Energie sanft in dein Feld runter. So als wolltest du eine süß duftende Parfümwolke zu deinem Körper führen.
- **Bewege deine Hände langsam und behutsam.** So kannst du dein Gefühl für die wohltuende Energie aufrechterhalten.
- **Beginne mit deinem Kopf** und deinem Schulterbereich. Stell dir auch vor, wie die Energie des Universums auch in dein Kronenchakra, Drittes-Auge-Chakra und Kehlchakra gelangt.
- **Bewege die Energie dann weiter** zu deinem Brustbereich. Verteile sie dort in deiner Aura und leite sie zu deinem Herzchakra.
- **Führe sie nun mit deinen Händen** abwechselnd entlang deiner Arme.
- **Gehe weiter zu deinem Bauch.** Streiche die liebevolle, wohltuende Energie in diesen Bereich deiner Aura, indem du deine Hände halbkreisförmig nach außen bewegst. Bringe sie auch in dein Solarplexus-Chakra. Wenn du möchtest, kannst du deine Hände dafür auf das Chakra legen.
- **Widme dich abschließend** auf dieselbe Weise deinem Sakral- und Wurzelchakra.

3. SCHUTZSCHILD ERRICHTEN

- **Stelle dir nun vor,** wie du mit der universellen Energie einen gold leuchtenden, eiförmigen Schutzschild um dich herum formst. Bewege deine Hände mit den Handinnenflächen von deinem Körper weg zeigend in halbkreisförmigen Bewegungen von deiner Körpermitte zu deinen Körperseiten.
- **Verteile so die Energie** in deinem ganzen Energiefeld. Visualisiere dabei, wie sich ein warmer, strahlender Kokon um dich bildet und alle Löcher sowie Risse in deiner Aura versiegelt.
- **Lege währenddessen die Intention fest,** dass dieser Schutzschild nur positive, dir dienliche Energie reinlässt und jegliche negative, belastende Energie von dir fernhält. Das, was dir nicht guttut, darf draußen bleiben und nichts überschreitet diese Grenze ohne deine Erlaubnis.
- **Wenn du deinen Kokon aus goldenem Licht errichtet hast,** verbleibe einen Augenblick in dieser wärmenden Hülle. Nimm die friedvolle und beruhigende Energie, die sie spendet, auf.
- **Zum Abschluss** bringst du deine beiden Hände vor deine Brust und legst die Handinnenflächen zusammen. Bedanke dich beim Universum und auch bei dir selbst, dass du dir Zeit genommen hast, dich um deine Aura zu kümmern.

Unterschätze nicht, was du allein mit deiner Vorstellungskraft erwirken kannst!

SO REINIGST DU DEINE AURA

Du kannst es nicht vermeiden, dass deine Aura Energien aufnimmt. Das ist nun mal ihre Funktion. Sie scannt deine Umgebung auf energetischer Ebene, um für dich herauszufinden, was oder wer zu dir passt und ob die Situation oder Person sicher für dich ist. Außerdem ist sie der Ort, an dem alle deine Emotionen, Gedanken, Erinnerungen und Verhaltensmuster gespeichert sind. Und manche davon sind nicht immer positiv behaftet. Eine Aurareinigung ist kein Ersatz für deine innere Arbeit, professionelle Hilfe oder Therapie, aber es ist ein praktisches Werkzeug für deine spirituelle Hygiene. So wie du dir die Hände wäschst, nachdem du draußen unterwegs warst, solltest du auch daran denken, deine Aura hin und wieder mal zu reinigen. Ein Salzbad eignet sich hervorragend für eine tiefe Reinigung deiner Aura.

Magisches Bad

Mache dein Bad zu einem wunderschönen Aurareinigungsritual. Wenn du keine Badewanne hast, kannst du dir alternativ auch ein Fußbad machen.

Dafür brauchst du nur wenige Zutaten:

- Tassen Epsom-Salz oder Himalaya-Salz
- Ätherische Öle deiner Wahl – besonders geeignet für die Aurareinigung sind Rosmarin, Lavendel, Salbei, Rose oder Geranium
- Optional: Kerzen
- Optional: Blütenblätter, z. B. einer Rose
- Optional: Amethyst, Bergkristall, Labradorit, Mondstein, Obsidian, Schwarzer Turmalin

Und so gehst du vor:

1. **Lass das Wasser in die Badewanne bzw. dein Fußbad ein.** Dabei legst du deine Intention für das Aurareinigungsritual fest. Du kannst so etwas sagen wie „Reinige meine Aura und schütze sie vor negativen Energien“.
2. **Gib 2 Tassen Epsom- oder Himalaya-Salz in die Badewanne** bzw. 1 Tasse in dein Fußbad.
3. **Füge ein paar Tropfen der ätherischen Öle** zu deinem Badewasser hinzu. Achte hier bitte darauf, dass sie hochwertig, naturrein sind und du keine Allergien auf die Stoffe hast. Du kannst alle oben genannten mischen oder deine Auswahl auf ein bis zwei beschränken. Folge hier einfach deiner Intuition und fühle rein, was dein Energiefeld gerade braucht.
4. **Wenn du möchtest,** kannst du dir am Badewannenrand oder im Badezimmer verteilt Kerzen aufstellen und anzünden.
5. **Dekoriere dein Badewasser** mit Blütenblättern. Besonders geeignet sind Rosen-, Kamillen- und Lavendelblüten.
6. **Lege Heilsteine am Badewannenrand aus** oder lege sie vorsichtig ins Wasser. Wähle deine Lieblinge aus den oben genannten aus.
7. **Genieße dein Bad für mindestens 10 Minuten.** Stell dir vor, wie all der Stress und negative Ballast aus deinem Energiefeld abgewaschen werden.
8. **Lege abschließend eine Intention für den (nächsten) Tag fest.** Das kann sowas sein wie: „Für die nächsten 24 Stunden ärgere ich mich nicht mehr über Kleinigkeiten und fokussiere mich auf das Gute in meinem Leben.“

GESUNDE GRENZEN FÜR EINE GESUNDE AURA

Gesunde Grenzen sind ein überaus wichtiger Faktor für den Erhalt einer strahlenden Aura. Deine Programmierungen aus der Kindheit haben großen Einfluss darauf, wie und ob du Grenzen setzen kannst. Wurde dir beigebracht, immer nett und höflich zu sein und bloß niemandem vor den Kopf zu stoßen? Nein zu sagen und gesunde Grenzen zu setzen sowie aufrechtzuerhalten, ist ein wesentlicher Teil der Selbstfürsorge. Auch wenn es dir möglicherweise so übermittelt wurde, ist es keinesfalls egoistisch. Im Gegenteil. Gesunde Grenzen sind ein Kompass für das Miteinander. Sie bereichern jede Beziehung und sorgen dafür, dass Freundschaften, Partnerschaften wie auch Familienverhältnisse erfüllend und langlebig sind.

Gesunde Grenzen setzen

Schreibe Dinge auf, die du als Kind gelernt hast und die es dir heute schwer machen, gesunde Grenzen zu setzen. Wenn du Grenzen setzt, formuliere Sätze in der Ich-Form. Folgende Vorlage kann dir dabei helfen, Grenzen auf respektvolle und selbstsichere Art und Weise zu kommunizieren:

„Ich fühle mich ...., wenn ....,

weil ....

Was ich brauche, ist ....

....“

Beispiel: „Ich fühle mich nicht wertgeschätzt, wenn du jedes Mal zu spät kommst, weil ich mir bewusst Zeit und Raum für dich nehme. Was ich brauche, ist, dass du meine Zeit respektierst und pünktlich zu unserer Verabredung kommst.“

Wenn du lernst, Nein zu sagen, wird das dein Leben stark verändern – ins Positive! Denn ein liebevolles „Nein“ zu anderen, ist ein ehrliches „Ja“ zu dir. Übe dich darin, Nein zu sagen, ohne dich zu erklären oder dafür zu entschuldigen.

In welchen Situationen kannst du damit anfangen, mehr Nein zu sagen?

Erstelle eine Liste mit Menschen, die dir Energie rauben. Wer nimmt dir mehr Energie als er dir gibt? Überlege, ob du eine Grenze in diesen Beziehungen setzen musst, um deine Energie besser zu schützen. Schreibe die entsprechende Grenze neben dem Namen der jeweiligen Person auf. In den nächsten Wochen solltest du die Personen nacheinander ansprechen und deine Grenzen mit ihnen teilen.

	Name der Person	Grenze, die ich bei dieser Person setzen muss
1.		
2.		
3.		
4.		
5.		

Deine persönlichen Grenzen zeigen deinem Umfeld, wie deine Regeln lauten und wie sie mit dir umgehen dürfen. Sie bringen anderen Menschen bei, wie du gern angesprochen wirst, womit du dich wohlfühlst und was du tun kannst bzw. willst und was nicht. Deine Grenzen sind auch ein Spiegel dafür, wie du dich in deinen zwischenmenschlichen Beziehungen siehst und wie du diese erleben willst. Jedes Mal, wenn du das Gefühl hast, eine Grenze setzen zu wollen, so ist es meist ein Anzeichen dafür, dass jemand oder etwas an deiner Energie zehrt. Bevor du eine Grenze ziehst, gehe in dich und überlege genau, warum du es machen willst. So machst du dir ihre Notwendigkeit klar und wirst dir darüber bewusst, welche Konsequenzen das Fehlen dieser Grenze für dich mit sich zieht.

Nutze dann folgende Schritte:

1. Setze deine Grenzen

Wenn du eine Grenze setzt, tust du das, weil du dich logischerweise abgrenzen möchtest. Du solltest dich also für die Ausarbeitung deiner Grenzen zurückziehen und niemanden in den Prozess einbinden. Es geht um das, was du willst, nicht um das, was andere von dir erwarten. Was ist es, das du brauchst? Aus welchem Grund? Gehe an dieser Stelle ins Detail und habe keine Angst davor, andere zu verletzen.

2. Kommuniziere deine Grenzen

Dieser Schritt kann eine echte Herausforderung sein. Jedoch ist eine ehrliche Kommunikation der Schlüssel dafür, zu dir selbst stehen zu können. Bereite dich auf das Gespräch, in dem du deine Grenzen kommunizieren möchtest, gut vor. Bist du geübt darin, dich ehrlich und direkt auszudrücken oder wirst du dabei nervös? Wenn du bei dem Gedanken an ein solches Gespräch unruhig wirst, schreibe einen Brief oder eine Nachricht. Du kannst auch eine Art Skript erstellen und das Gespräch übers Telefon führen. Oder du arbeitest deine Hauptpunkte heraus und merkst sie dir, damit du im Gespräch Stützen hast, an denen du dich festhalten kannst.
Egal, für welche Option du dich entscheidest, versuche, ehrlich und direkt zu bleiben. Rede nicht um den heißen Brei herum, sondern bringe deine Bedürfnisse auf den Punkt. Nur so wird dein Gegenüber deine Grenzen auch respek-

tieren. Wenn du direkt bist und dir alles von der Seele geredet hast, wird es dir auch eine Menge Energie sparen.

3. Wahre deine Grenzen

Um deine Grenzen zu wahren, darfst du dich auf deine Intuition und dein Körpergefühl verlassen. Wenn du beispielsweise einer Freundin die Grenze gesetzt hast, dass du während eures Treffens nicht mehr so viel über ihre Arbeit sprechen willst – es sei denn sie hat akut Probleme in dem Bereich –, so könnte es sich einfacher anfühlen, ab und zu im Gespräch ein Auge zuzudrücken. Es tut schließlich nicht weh und du kannst ja auch nur mit einem Ohr zuhören, richtig? Nein! Bitte halte dich an deine Grenzen und mache darauf aufmerksam, wenn sie überschritten wurden. Hältst du dich nicht konsequent an deine eigens auferlegten Grenzen, wird dein Unterbewusstsein denken: »Ach, du meinst es eh nicht ernst.« So schaffst du die beste Voraussetzung dafür, dich selbst zu sabotieren, was wiederum zu einem enormen Verlust an Selbstvertrauen führt.

Oft brauchen die Beziehungen, in denen du neue Grenzen gesetzt hast, etwas Zeit, um sich daran anzupassen. Bleibe so lange standhaft, bis sich jeder daran gewöhnt hat und deine Grenzen respektiert.
Manche Menschen könnten dir (leider) mit fehlendem Verständnis oder Wut entgegentreten, wenn du deine Grenzen äußerst. Du kannst folgende Formulierungen nutzen, um die starke emotionale Reaktion deines Gegenübers zu entschärfen und deine Grenzen dennoch zu wahren.

- Wenn dir jemand kritisch gegenübertritt:
  »Ich verstehe und respektiere, dass du deinen Gedanken Raum gibst, aber das, was du sagst, lässt mich nicht gut fühlen. Deine Aussagen sind nicht konstruktiv und unterstützen mich gerade überhaupt nicht.«
- Wenn jemand wütend wird:
  »Die Art und Weise, wie du mit mir sprichst, ist sehr verletzend und ich begrüße es überhaupt nicht. Ich nehme mich nun zurück und beende dieses Gespräch. Sobald du dich beruhigt hast und mir mit Mitgefühl gegenübertreten kannst, können wir das Gespräch wieder aufnehmen.«
- Einladungen ausschlagen:

»Vielen Dank für die Einladung. Ich würde gern kommen, aber meine Woche ist leider so voll und ich würde meinen Verpflichtungen nicht nachkommen können. Ich würde mich freuen, wenn du beim nächsten Mal wieder an mich denkst!«

- Weitere hilfreiche Formulierungen:
  »Das fühlt sich für mich nicht gut an.«
  »Ich fühle mich damit nicht wohl.«
  »Dieses Mal nicht.«
  »Ich kann das nicht für dich tun.«
  »Das funktioniert nicht für mich.«
  »Das ist für mich inakzeptabel.«
  »Hier ziehe ich eine Grenze.«

Achte auch auf eine selbstbewusste Körpersprache. Übe es, Raum einzunehmen und Augenkontakt zu halten. Beobachte deine Körperhaltung. Sorge für einen aufgerichteten Oberkörper und knicke nicht ein – wortwörtlich! Bediene dich eines ruhigen Tons und werde nicht emotional. Bleibe stets respektvoll. Es ist wichtig, dass du standhaft bleibst, ohne dabei laut oder ausfallend zu werden.

Auf Gegenwind vorbereiten

Stelle dir eine Situation mit einer Person vor, der du eine bestimmte Grenze setzen willst. Schreibe auf, was du ihr sagen würdest und wie du auf zu erwartenden Gegenwind reagieren möchtest. Nutze diese Notizen als Stütze für dein Gespräch.

....

....

MERIDIANE – DIE ENERGIE-LEITBAHNEN DEINES KÖRPERS

Neben den Chakren und deiner Aura hat dein Energiekörper auch Leitbahnen, durch die deine Lebensenergie fließt. In der indischen Yogaphilosophie werden sie »Nadis« genannt, in der traditionellen chinesischen Medizin »Meridiane«. Sie variieren in Größe und Wichtigkeit und bilden eine unsichtbare, netzartige Struktur. Meridiane sind mit verschiedenen Elementen des Körpers, den entsprechenden Organen sowie emotionalen Zuständen verbunden. Es wird angenommen, dass dieses System Informationen zu jedem Vorgang in Körper und Geist leitet. Stell dir das Meridiansystem wie ein komplexes System von Wasserwegen wie beispielsweise in Venedig vor. Es gibt die Hauptkanäle, die dann in kleinere und feinere innere Bahnen übergehen. Sie fließen ohne Unterbrechung ineinander über.

»Kümmere dich um deinen Körper.
Es ist der einzige Ort,
den du zum Leben hast.«

Jim Rohn

So verlaufen die Meridiane in deinem Körper

Meridiane spielen vor allem in der Akupressur und Akupunktur eine wichtige Rolle. Akupunktur- oder Akupressurpunkte befinden sich an kleinen Vertiefungen, den sogenannten „Toren“, entlang der Meridiane. Durch den gezielten Druck auf diese Punkte beeinflusst der Akupunkteur den Blutfluss und den Fluss der Lebensenergie. Auf diese Weise kann er auch mit den inneren Organen kommunizieren.

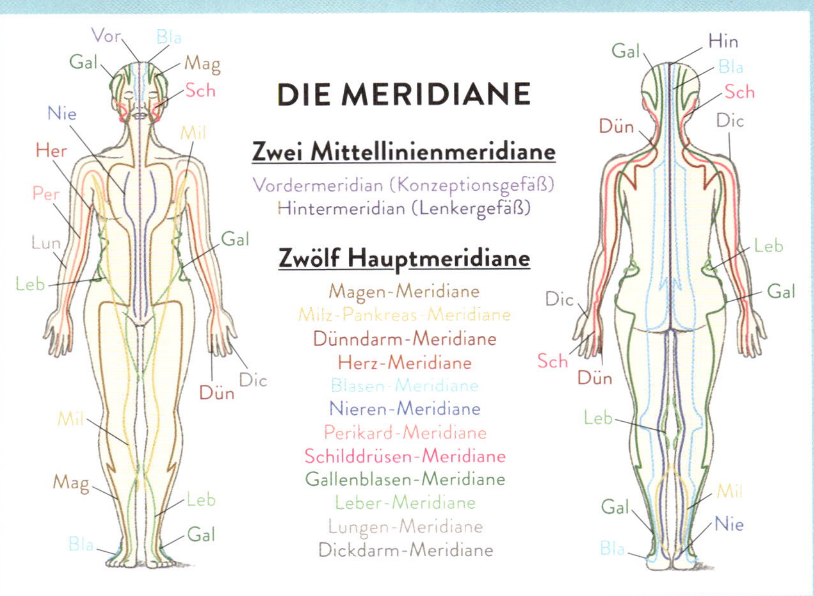

Massiere deinen Stress weg

Du kannst bestimmte Akupressurpunkte nutzen, um Stresserscheinungen zu reduzieren. Für diesen Zweck befinden sich die drei wichtigsten Punkte auf deiner Kopfhaut, an deinem Ohr und an deiner Brust. Daneben gibt es noch überaus hilfreiche Energiepunkte auf deiner Hand. Wenn du dort Druck ausübst, können sich deine Muskeln entspannen, wodurch automatisch Stress abgebaut wird.

AKUPRESSURPUNKTE GEGEN STRESS: KOPFHAUT

- **Lege deine Finger auf die Mitte deiner Stirn,** sodass sich die Fingerspitzen deiner rechten Hand und die deiner linken Hand berühren.
- **Die Daumen** legst du sanft auf deine Schläfen. Dort ruhen sie die gesamte Übung lang.
- **Übe mit deinen Fingern** nun langsam und konstant Druck auf deine Stirn aus.
- **Lass deine Finger achtsam** zu deinem Haaransatz gleiten und behalte dabei den Druck bei.
- **Gehe mit den Fingern** langsam weiter über deinen Scheitel. Der Druck bleibt gleich.
- **Bewege deine Finger** so bis zur Unterseite deines Schädels.
- **Dort angekommen,** nimmst du denselben Weg wieder zurück zu deiner Stirnmitte.
- **Wiederhole den Vorgang** zwei bis drei Mal.

Es gibt einen bestimmten Punkt an deinen Ohren, der sich Shen-Men-Punkt nennt. Übersetzt bedeutet er etwa „Tor zur Seele“. Er liegt in der Ohrmuschel, wo sich die sogenannte Anthelix (Bogenwulst) gabelt. Die traditionelle chinesische Medizin spricht ihm eine entspannende und beruhigende Wirkung zu, sobald er massiert wird. Auch Panikattacken, Angstzustände und Depressionen sollen durch gezielte Massage des Shen-Men-Punktes gelindert werden. Du kannst ihn mit den Fingern nur schwer erreichen, deshalb darfst du dir ein stumpfes Holzstäbchen (alternativ kannst du auch einen Kugelschreiber nutzen) oder ein Wattestäbchen zur Hilfe nehmen.

AKUPRESSURPUNKTE GEGEN STRESS: OHREN

- **Führe das Stäbchen** vorsichtig zum Shen-Men-Punkt.
- **Massiere den Punkt** mit kleinen kreisenden Bewegungen.
- **Übe dabei behutsam** leichten Druck aus.
- **Atme währenddessen tief ein** und richte deinen Blick, ohne den Kopf zu bewegen nach links.
- **Beim Ausatmen schaust du,** ohne deinen Kopf dabei zu bewegen nach rechts.
- **Massiere** so ungefähr eine Minute lang weiter.
- **Wende diese Massage** am besten täglich vor dem Schlafengehen an.

Unter Stress wird deine Atmung unregelmäßiger und oberflächlich. Das führt oft zu Verspannungen im Brustbereich. Durch gezielte Massage deines Brustbeins kannst du die dortigen Verspannungen lösen und Stress abbauen. Dein Körper wird dazu angeregt, wieder zu seiner gleichmäßigen Atmung zurückzukehren.

AKUPRESSURPUNKTE GEGEN STRESS: BRUST

- **Massiere** dein Brustbein mit drei Fingern.
- **Übe achtsam Druck aus,** um die Schmerzen und Verspannungen zu lösen.
- **Du kannst alternativ** auch mit drei Fingern rhythmisch auf dein Brustbein klopfen und dabei tief ein- und ausatmen.
- **Massiere dein Brustbein** ungefähr zwei bis drei Minuten lang.

Deine Hände und dein Gehirn sind durch zahlreiche Nervenbahnen verbunden. Übst du Druck auf die Energiepunkte auf deinen Händen aus, aktivierst du bestimmte Regionen in deinem Gehirn, die zu einem entspannten und ruhigen Gefühlszustand führen können.

AKUPRESSURPUNKTE GEGEN STRESS: HÄNDE

Punkt 1: Die Talsenke

- **Die Talsenke** befindet sich an deinem Handrücken an der weichen Stelle zwischen Daumen und Zeigefinger, kurz bevor sich deine Fingerknochen an der Handwurzel treffen.
- **Fasse diesen Punkt** zwischen deinen Daumen und Zeigefinger der jeweils anderen Hand und drücke zu.
- **Halte den Druck** für zehn Sekunden.
- **Mache 2 Sekunden Pause.**

- **Erhöhe den Druck** mit deinem Daumen und halte ihn wieder zehn Sekunden lang.
- **Wiederhole den Vorgang** drei bis fünf Mal.
- **Wechsle die Hand** und gehe dort genauso vor.

Punkt 2: Der Notfallpunkt

- **Der Notfallpunkt** liegt in der Mitte deiner Handinnenfläche.
- **Lege deine linke Hand** in die rechte, sodass die Finger der rechten Hand den linken Handrücken stützen.
- **Mit dem Daumen** deiner rechten Hand massierst du nun den Notfallpunkt auf deiner linken Hand mit ausreichend Druckausübung für 15 bis 30 Sekunden.
- **Wechsle** dann die Hand.

Punkt 3: Nei Guan

- **Der Nei-Guan-Punkt** (übersetzt „das innere Passtor") befindet sich auf der Innenseite deines Unterarms, etwa drei Finger breit entfernt von deiner Handgelenksfalte zwischen den Sehnen.
- **Drücke deinen Daumen** in diesen Punkt und massiere ihn in kreisenden Bewegungen. Nutze die restlichen Finger deiner Hand als Stütze für deinen Unterarm.
- **Atme dabei** tief ein und aus.
- **Massiere den Nei-Guan-Punkt** für ungefähr eine Minute bzw. so lange, bis sich ein Gefühl von Entspannung breitmacht.

Jede Handlung, Emotion und jeder Gedanke stellt schon eine Form von Energiearbeit dar, die unseren Energiekörper beeinflusst und somit maßgeblich unser gesamtes Wohlbefinden gestaltet.

Bringe deine Energie in Bewegung

In diesem Kapitel erfährst du, was Energiearbeit ist und wie du sie intuitiv für dich und dein Leben nutzen kannst. Du lernst, wie wichtig es ist, dein Zuhause harmonisch zu halten und wie du die Energie in deinen vier Wänden reinigen kannst. Außerdem werfen wir einen Blick auf dein Nervensystem. Ich gebe dir praktische Übungen an die Hand, die dir helfen, Stress abzubauen und Sicherheit im eigenen Körper zu spüren. Das Ende des Kapitels widmet sich dem Thema „Emotionen". Entdecke, was Emotionen aus energetischer Sicht bedeuten, welche Funktion sie haben und wie ein gesunder Umgang mit deiner Gefühlswelt aussieht.

ENERGIE IN BEWEGUNG BRINGEN

Du hast bereits gelernt, dass dein System einen Energieüberschuss oder -mangel aufweisen kann. Beides führt auf lange Sicht unweigerlich zu einer Energieblockade und kann sich auf mentaler, emotionaler und körperlicher Ebene negativ auswirken.

Anzeichen, dass deine Energie blockiert ist

- Ein plötzliches Gefühl der Schwere und Traurigkeit übermannt dich.
- Du fühlst dich körperlich und geistig erschöpft.
- Du schiebst deine To-do's auf und prokrastinierst.
- Du kannst dich für kaum etwas motivieren.
- Du schläfst länger als gewohnt (und bist trotzdem müde).
- Du sorgst dich übermäßig viel.
- Du fühlst dich ängstlich und gestresst.
- Du bewegst dich in einer negativen Gedankenspirale.
- Du bist extrem reizbar und scheinst keine Kontrolle mehr über deine Impulse zu haben.
- Du hegst Groll gegen jemanden und kannst ihn einfach nicht loslassen.
- Dein Appetit und Essverhalten haben sich verändert.
- Dein Konsumverhalten – Shopping, Social Media etc. – ist angestiegen.
- Du hast das Gefühl, einfach nicht du selbst zu sein.
- Du bist immer wieder erkältet oder hast andere wiederkehrende körperliche Beschwerden.

Zwischen einem Zuviel und einem Zuwenig an Energie liegt ein Korridor, dein Toleranzfenster. In den Grenzen dieses Fensters kannst du optimal funktionieren und mit belastenden Situationen souverän umgehen. Auch hier findet ein wellenförmiges Auf und Ab statt und du kannst auf unbequeme Emotionen stoßen. Das Leben in all seinen Facetten zu erfahren, bedeutet nun mal verschiedene Gefühlszustände zu halten. Aber in diesem Fenster hast du die Selbstsicherheit, diesen gelassen entgegentreten und sie auf gesunde Weise verarbeiten zu können. Sobald du merkst, dass deine Energie dein Toleranzfenster verlässt, ganz gleich ob über die untere oder obere Grenze hinaus, ist es ein Signal für dich, sie wieder in den »grünen Bereich« deines Korridors zurückzubewegen. Du hast die Macht darüber, deinen energetischen Zustand zu verändern. Die Herausforderung liegt darin, in dem Moment, wo dein System über- bzw. unteraktiviert ist, innezuhalten und dich genau daran zu erinnern. In einem solchen Moment kannst du wählen, ob du der Energie folgst, dich von ihr mitreißen lässt oder ob du sie veränderst und in die Mitte des Korridors zurückbewegst.

»Zwischen Reiz und Reaktion liegt ein Raum. In diesem Raum liegt unsere Macht zur Wahl unserer Reaktion. In unserer Reaktion liegen unsere Entwicklung und unsere Freiheit.«

Viktor Frankl

Übe dich also darin, Sensibilität für genau diesen kritischen Moment aufzubauen, in dem du zwischen den beiden Optionen wählen kannst. Entscheide dich dann dafür, die Verantwortung für deinen energetischen Zustand zu übernehmen und deine Energie zu bewegen. Die wichtigsten Mittel, die du genau dafür nutzen kannst, sind:

- dein Atem
- Bewegung (völlig egal ob Krafttraining, Yoga oder Tanz)
- Visualisierung und Meditation
- Musik und Klang
- Mindset und das Setzen kraftvoller Intentionen

Shake your body!

Du hast bestimmt schon mal die Erfahrung machen können, dass du dich nach körperlicher Aktivität einfach nur gut und aufgeladen gefühlt hast. Selbst wenn es schwer war, dich zu motivieren, das Gefühl danach war unbezahlbar. Was wäre, wenn du eine Art von Bewegung finden könntest, die Spaß macht und genau diesen Effekt erzielt? Ich lade dich jetzt in diesem Moment dazu ein, dein Lieblingslied so laut es geht aufzudrehen und deinen Körper dazu einfach unkontrolliert zu schütteln. Ganz egal, wie komisch das aussehen mag, schüttele einfach all die festsitzende oder überschüssige Energie von dir weg. Schüttele deine Arme, deine Beine, deine Haare, deinen Kopf. Erlaube es dir, richtig wild und unkontrolliert zu werden (ohne dich dabei zu verletzen). Spring durch dein Wohnzimmer, folge der Musik und lass dich ganz unbefangen auf diese Übung ein. Schalte deinen Kopf aus und bringe deinen inneren Kritiker zum Schweigen. Hier geht es nicht darum, gut auszusehen, sondern darum, dich völlig frei durch körperliche Bewegung auszudrücken und deinen Energiezustand so zu verändern. Hab viel Spaß dabei!

WAS IST ENERGIEARBEIT?

Energiearbeit ist simpel ausgedrückt die bewusste Arbeit, die mithilfe von gezielt eingesetzter Energie auf deinen Energiekörper einwirkt, um Energieblockaden zu lösen oder den ungestörten Energiefluss zu wahren. Energiearbeit ist eine ganzheitliche Praktik, bei der es darum geht, das Energiesystem deines Körpers zu harmonisieren und zu stärken. Da dein energetischer und dein physischer Körper miteinander verbunden sind, wirkt sich Energiearbeit nicht nur auf deine energetische, sondern auch auf deine physische Ebene aus.

Das meint nicht nur allein das Körperliche, sondern schließt auch dein emotionales und mentales Befinden mit ein. So kann Energiearbeit Einfluss auf das Erleben deiner inneren und äußeren Welt nehmen. Dabei greift sie nicht nur auf die Lebensenergie zurück. Es gibt viele Formen und Quellen von Energie, die du dir dafür zunutze machen kannst.

Wenn du beispielsweise sagst: »Wow, auf dem Konzert, das ich gestern besucht habe, herrschte eine wundervolle Energie«, meinst du damit nicht unbedingt das Feld der Lebensenergie. Vielmehr beziehst du dich auf die Energie der Musik, die Begeisterung des Publikums und vielleicht auch auf die Gespräche mit den anderen Konzert-Besuchern. Energie meint hier die Energie, die durch Klang und Emotionen getragen wurde. Oder du kommst von einem Bürotag nach Hause, an dem du mehrere Projekte gleichzeitig jongliert hast und erzählst: »Heute war ein richtig verrückter Tag im Büro. Meine Energie wurde in alle Richtungen zerstreut.« Damit willst du nicht ausdrücken, dass deine Arbeitskollegen*innen dir deine Lebensenergie geraubt haben – auch wenn sie es an manchen Tagen bestimmt tun... –, sondern du beziehst den Begriff auf die Energie deiner Aufmerksamkeit. Energie ist also nicht gleich Energie.

Je nach gewählter Methode greift Energiearbeit auf verschiedene Energiequellen zurück. Und so kommt es, dass es ein so vielfältiges Angebot an diesen gibt. Zu meinen persönlichen Lieblingsmethoden gehören:

REIKI

Reiki ist eine japanische Energieheilmethode, die von Dr. Mikao Usui in den 1920er Jahren begründet wurde. Das Wort Reiki setzt sich zusammen aus »Rei«, das so viel heißt wie »die Weisheit und das Wissen des ganzen Universums«, und »Ki«, was »Energie« bedeutet. Oft wird Reiki als »universelle Lebenskraft« oder »universelle Lebensenergie« übersetzt. Eine passendere Bezeichnung wäre aber »spirituelle Energie«. Es meint die höhere Intelligenz, die die Schöpferkraft des Universums steuert. Zu den Grundsätzen von Reiki gehört der Glaube, dass jeder Mensch über die angeborene Fähigkeit zur Selbstheilung verfügt. Bei einer Reiki-Sitzung verbindet sich der Praktizierende mit der Reiki-Energie und leitet sie sanft über seine Hände an sich selbst oder andere weiter. So kann er mithilfe von Reiki den Lauf der Lebensenergie beeinflussen und den natürlichen Selbstheilungsprozess fördern. Reiki ist meine absolute Lieblingsenergieheilmethode, denn sie ist zum einen sehr intuitiv und erlaubt es dir, die Verbindung zu deinem Körper zu stärken; zum anderen ist es eine Methode, an die du nicht erst glauben musst, damit sie wirkt. Ich stand Reiki anfangs auch skeptisch gegenüber. Unterstützung des Heilungsprozesses durch Handauflegen? Das geht? Ja!

Reiki hat sich in meinem Alltag fest verankert und lässt mich in den kleinsten Dingen das Wunder sehen.

Seit nun fast zehn Jahren arbeite ich mit Reiki und bilde Menschen zu Reiki-Praktizierenden aus. All die vielen Jahre an Erfahrungen haben mir gezeigt, was diese Methode möglich macht. Mittlerweile gibt es auch wissenschaftliche Studien, die die Wirksamkeit von Reiki in bestimmten Bereichen belegen. Insbesondere bei Schmerzen, Ängsten, Stress und Depressionen ist Reiki eine sinnvolle Ergänzung zur konservativen Therapie.
Selbst die Weltgesundheitsorganisation (WHO) empfiehlt seit 2007 die Verwendung von Reiki zur Schmerztherapie als ergänzende nicht-pharmakologische Therapie. Heute wird Reiki überall auf der Welt eingesetzt, auch in Krankenhäusern, Altenheimen, Physiotherapiepraxen und Hospizen, um andere Behandlungsformen zu unterstützen.

SOUND HEALING ODER KLANGHEILUNG

Bei der Klangheilung werden spezielle Klangfrequenzen verwendet, die dein System in einen tiefen Ruhezustand versetzen, dein Nervensystem beruhigen und dich körperlich sowie emotional entspannen. Im Idealfall gelangst du in einen hypnotischen, meditativen Zustand, der dir Zugang zu deinem Unterbewusstsein ermöglicht und das Gleichgewicht in deinem Körper wiederherstellt. Klangheilung wird oft mit einem ausgebildeten Experten praktiziert und kann verschiedene Formen annehmen, von geführten Meditationen über Tanz bis hin zu Klangbädern. Die Musik kann über Lautsprecher abgespielt werden, oder es werden Instrumente wie Klangschalen oder Gongs im Raum eingesetzt. Manchmal wird sogar deine aktive Mitwirkung gefragt sein. Das kann bedeuten, dass du singst, tanzt oder selbst ein Instrument spielst. In anderen Sitzungen wiederum wirst du gebeten, ruhig und entspannt sitzen oder liegen zu bleiben, damit dein Körper die Schallwellen der Klänge auf sich wirken lassen und aufnehmen kann.

Wie genau wirken die Klänge auf den menschlichen Körper ein? Wasser ist ein hervorragender Leiter für Klangschwingungen. Da der Körper eines Erwachsenen bis zu 75 % aus Wasser besteht, können die Schallwellen ihn mühelos durchdringen und so die Durchblutung, den Energiefluss und die Regeneration fördern. Die Frequenz des Klangs synchronisiert sich mit den Gehirnwellen und aktiviert die Entspannungsreaktionen des Körpers.

EMOTIONAL FREEDOM TECHNIQUE (EFT) – KLOPFAKUPRESSUR

Emotional Freedom Technique (kurz: EFT, auch Klopfen bzw. Klopfakupressur genannt) ist eine Form der Energiearbeit, bei der mit den Fingern sanft auf zwölf Meridianpunkte des Körpers geklopft wird, um die Symptome einer negativen Erfahrung oder Emotion zu lindern. Ähnlich wie bei der Akupunktur konzentriert sich EFT auf die Meridianpunkte, um die Energie deines Körpers wieder ins Gleichgewicht zu bringen. Bei der Akupunktur wird mit Nadeln Druck auf diese Energiepunkte ausgeübt. Bei EFT wird durch Klopfen mit den Fingerspitzen Druck ausgeübt. Die therapeutische Wirkung dieser Technik ist weltweit anerkannt. Man kann EFT bei Angstzuständen, Schmerzen, Stress und vielen anderen Herausforderungen anwenden. Das Ziel dieser Methode ist es, Erleichterung und Entspannung zu finden und die Verarbeitung der emotionalen oder körperlichen Herausforderungen zu fördern, die dich zurückhalten.

Du siehst, das Feld der Energiearbeit ist groß und die Möglichkeiten schier unbegrenzt. Für manche Formen der Energiearbeit musst du dich an einen entsprechend ausgebildeten Experten wenden – wie zum Beispiel einen Yoga-Lehrer oder Heilpraktiker –, für andere brauchst du selbst eine solide Ausbildung – wenn du zum Beispiel mit Reiki-Energie arbeiten möchtest. Es gibt aber auch Methoden, die ganz intuitiv funktionieren, ohne Ausbildung und ohne Dritte. Denn alles ist Energie und jeder von uns hat Zugriff darauf. In diesem Buch lernst du genau diese intuitive Form der Energiearbeit. So kannst du dich mit verschiedenen Energiequellen verbinden, um sie dann für dich zu nutzen. So kannst du dank einfacher und alltagstauglicher Tools mehr Achtsamkeit, Bewusstsein, Entspannung und Kraft in dein Leben einladen.

»Verändere deine Energie, und du veränderst dein Leben.«

Jennifer T. Webb

MACHE DEIN ZUHAUSE ZU DEINEM SICHEREN RÜCKZUGSORT

Dein Zuhause ist dein Rückzugsort, der dir Geborgenheit schenken soll. Egal wie stressig und herausfordernd dein Tag war, sobald du die Tür zu deiner Wohnung aufmachst, sollte sich ein Gefühl der Entspannung sowie Sicherheit breitmachen.
Wissenschaftliche Untersuchungen haben gezeigt, dass sich unsere physische Umgebung auf unsere Gesundheit, unsere Wahrnehmung, unsere Emotionen und unser Verhalten auswirkt, was sogar unsere Beziehungen zu anderen Menschen beeinflussen kann. So lässt dich beispielsweise ein friedliches und optisch ansprechendes Zuhause viel wohler fühlen als ein unordentliches und chaotisches Zuhause. Deine Wohnung zu entrümpeln und aufzuräumen, ist also auch eine Form der Energiearbeit! Beseitigst du das Chaos und all die Dinge, die du angesammelt hast, aber längst nicht mehr brauchst, so veränderst du gleichzeitig die Energie in deinen Räumen. Deine Wohnung wirkt nach dem Aufräumen und Putzen viel leichter und ruhiger auf deinen Energiekörper. Du wirst dich besser entspannen und konzentrieren können, wenn deine Umgebung »clean« ist. Gerade bei hochsensiblen Menschen führt Unordnung zur Überreizung. Und das kann eine Menge Energie kosten!

Dein äußerer Raum ist ein Spiegelbild deines inneren Raums. Wenn du in deinem Zuhause viel Gerümpel aufbewahrst, ist die Wahrscheinlichkeit groß, dass du auch geistig und emotional an »Gerümpel« festhältst.
Schaffst du Ordnung um dich herum, wirst du auf natürliche Weise anfangen, alles loszulassen, was du in deinem Geist gelagert hast. Dazu gehören Ängste, negative Gedanken und limitierende Glaubenssätze. Daher ist es wichtig, deinen Wohnraum harmonisch zu gestalten, Ordnung darin zu halten und darauf zu achten, dass die dort herrschende Energie positiv behaftet ist. Ich lade dich daher dazu ein, dein Zuhause aufzuräumen und dich von Dingen zu trennen, die du nicht brauchst. Das wirkt sich unmittelbar auf dein allgemeines Wohlbefinden sowie deinen Energiekörper aus und bringt die energetische Atmosphäre in deinen vier Wänden wieder in Balance.

»Tu den Schritt und wirf einmal alles weg. So wirst du plötzlich die Welt wieder mit hundert schönen Dingen auf dich warten sehen.«

Hermann Hesse

Anfangs kann es etwas unbequem werden. Vielleicht musst du Gegenstände ansehen und aussortieren, die Erinnerungen aus deiner Vergangenheit hervorrufen, mit denen du nicht konfrontiert werden willst. Doch genau das hilft dir, letztendlich loszulassen und Platz für neue frische Energie zu schaffen. Du musst nicht alles auf einmal machen. Erstelle dir einen Plan und gehe Zimmer für Zimmer durch. Du kannst sogar noch kleinteiliger vorgehen und dir erstmal nur verschiedene Bereiche eines bestimmten Raumes vornehmen. Wichtig ist, dass du damit anfängst und dir die Arbeit so einteilst, dass sie dich nicht überfordert. Meine persönliche Regel lautet: Habe ich es im Laufe des letzten Jahres nicht benutzt und es bereitet mir keine Freude, wenn ich es in der Hand halte, dann muss es weg. Sieh das Aufräumen und Entrümpeln deiner Wohnung auch als Teil deiner Selbstfürsorge. Du hast es verdient, in einer Umgebung zu leben, die dir Harmonie und Wohlbefinden bringt. Schaffe diesen Raum für dich und genieße, wie diese neue Energie auf dich wirkt. Wenn du erst einmal gespürt hast, welchen positiven Einfluss dieser Prozess auf dich nimmt, wirst du viel bewusster und achtsamer damit sein, was du kaufst und was du um dich herum aufbewahrst. Mit der Zeit entwickelst du so ein Feingefühl dafür, wann es an der Zeit ist, etwas loszulassen und was energetisch mit dir übereinstimmt – und das nicht nur in Bezug auf dein Zuhause.

Was die Energie in deinem Zuhause verbessern kann

- Sorge dafür, dass deine Wohnung regelmäßig gelüftet wird.
- Lass Sonnenlicht in deine Wohnung.
- Stelle Zimmerpflanzen auf.
- Mache dein Bett jeden Morgen nach dem Aufstehen.
- Achte auf die Farben deiner Einrichtung und wie sie auf dich wirken. Warme Farben können sich unangenehmer anfühlen als kühle.
- Hänge Bilder und Fotos auf, die dich gut fühlen oder an besondere Erinnerungen zurückdenken lassen. Es können auch Bilder sein, die deine Wünsche und Ziele repräsentieren.
- Halte die Türen deiner Schränke geschlossen, wenn du sie nicht nutzt.
- Stelle sicher, dass du keine tropfenden Hähne in deiner Wohnung hast.
- Bewahre deine Medikamente nicht in der Küche auf.
- Entsorge alle Dinge, die du nicht mehr nutzen wirst.
- Schalte alle elektronischen Geräte aus, wenn du dich ausruhst oder schläfst.
- Richte dir ein stimmungsvolles Umgebungslicht ein. Das können Tisch- und Stehlampen oder auch Kerzen sein. Grelles Licht wirkt sich negativ auf die Stimmung in einem Raum aus, während Umgebungslicht deine Augen entspannt und eine gemütliche Atmosphäre schafft.

REINIGE DIE ENERGIEN IN DEINEM ZUHAUSE

Genauso wie die Energie in deinem Körper blockiert sein kann, kann auch die Energie in deinem Zuhause eine Blockade aufweisen. Jeden Tag gelangen sowohl positive als auch negative Energien in deine Wohnung. Dabei kannst du selbst diese Energie reinbringen oder aber deine Gäste, Paketzusteller oder Haustiere bringen sie mit. Auch das Wetter, aktuelle Umweltbelastungen, politische und gesellschaftliche Faktoren sowie deine elektrischen Geräte nehmen Einfluss auf den energetischen Zustand deines Wohnraums. Deine Wohnung kann dann sauber und aufgeräumt sein und dennoch fühlst du eine gewisse Schwere in ihr. Deswegen solltest du nicht nur deinen Körper regelmäßig energetisch reinigen, sondern auch dein Zuhause. Eine energetische Reinigung befreit deine vier Wände von stagnierter, negativer Energie und ist ein weiterer wesentlicher Teil der spirituellen Hygiene. Es gibt bestimmte Situationen, nach denen eine energetische Reinigung deines Zuhauses unbedingt notwendig ist. Dazu gehören beispielsweise ein Streit, Krankheit und Schicksalsschläge oder ein Umzug in eine neue Wohnung.

Auch wenn es sich in diesen Situationen besonders empfiehlt, deine Wohnung energetisch zu reinigen, so ist es davon nicht abhängig. Kümmere dich regelmäßig um die Energie deines Zuhauses, nicht erst dann, wenn etwas Negatives passiert. Denn reinigst du deine Räume regelmäßig, ist es für negative oder unwillkommene Energie viel schwieriger, überhaupt erst einzudringen. Wenn sie dann dennoch durchkommt, ist es einfacher, sie wieder loszuwerden.

Außerdem gibt es auch positive Anlässe dazu, die Energie deines Hauses »aufzubereiten«. Wenn zum Beispiel ein neues Familienmitglied einziehen darf oder du einen neuen Mitbewohner erwartest. Auch vor feierlichen Anlässen und Zusammenkünften ist es eine schöne Gewohnheit, deine Wohnung energetisch darauf vorzubereiten.

Die gängigste und wahrscheinlich beliebteste Methode zur energetischen Raumreinigung ist das Räuchern. Meine Lieblingsmethode, die ich regelmäßig für meine Wohnung nutze, ist das Räuchern mithilfe von Palo Santo.

Energetische Raumreinigung mit Palo Santo

Palo Santo ist ein heiliges Erbe der südamerikanischen Völker und wird traditionell für Rituale verwendet. Der auch als „Heiliges Holz" bekannte Palo Santo ist ein geheimnisvoller Baum, der an der Küste Südamerikas von der Halbinsel Yucatan bis nach Ecuador und Peru wächst und zur selben botanischen Familie wie Weihrauch und Myrrhe gehört. Das Holz und das ätherische Öl dieses Baumes sind in der spirituellen Welt der Schamanen und Heiler hoch angesehen und werden seit Tausenden von Jahren zur Reinigung von Auren und Räumen verwendet. Wenn du Palo Santo nutzt, solltest du dieses besondere Holz also entsprechend würdigen und es respektvoll behandeln. Bewahre das Palo Santo in einem nur dafür bestimmten Behältnis (z. B. eine hübsche Räucherschale, ein besonderer Teller oder eine Abalone-Muschel) auf und bedanke dich nach jeder Räucherung für sein Wirken. Außerdem solltest du darauf achten, ethisch angebautes und hochwertiges Palo Santo zu kaufen. Es gibt Hersteller, die Teile der Erlöse an die indigenen Gemeinschaften spenden, von denen der Brauch der energetischen Reinigung mithilfe von Palo Santo stammt und die das Holz auf traditionelle Weise ernten.

UND SO GEHST DU SCHRITT FÜR SCHRITT VOR:

1. **Öffne alle Fenster,** damit die negative, blockierte Energie entweichen kann.
2. **Zünde eine Kerze an** (Palo Santo braucht einen Moment, bis es brennt, daher ist ein Feuerzeug eher unpraktisch dafür).
3. **Nimm dein Stück Palo Santo zur Hand** und halte das obere Ende in die Kerzenflamme, bis es brennt.

4. **Lass das Holzstück 20 Sekunden lang brennen** und puste die Flamme dann sanft aus. Jetzt macht sich ein wunderbar duftender Rauch breit.
5. **Gehe die Räume deiner Wohnung ab** und verteile den Rauch darin. Vergiss die Ecken nicht! Nimm dein Behältnis als Unterlage mit, damit die möglicherweise abfallende Glut nicht auf den Boden oder auf Möbelstücke fällt.
6. **Während du mit dem Palo Santo** in deiner Hand durch deine Wohnung gehst, bitte darum, jegliche negative, stagnierende Energie zu entfernen und sie mit wohltuender aufhellender Energie zu ersetzen.
7. **Lege dein Palo-Santo-Stück in dein Behältnis,** stelle es ab und lass es von allein erlöschen (bitte nicht unbeaufsichtigt lassen!).
8. **Musst du deine Wohnung verlassen** und möchtest dein Palo Santo schneller zum Erlöschen bringen, fülle etwas Sand in dein Behältnis und drücke das Holzstück aus.
9. **Bedanke dich für die reinigende Wirkung.**

Du kannst auch deine Aura mit Palo Santo reinigen. Dafür umkreist du vorsichtig deinen Kopf- und Schulterbereich, deine Arme, deine Körpermitte, deine Beine und Füße. Setze dabei die Intention, dass all die negative Energie, die an deinem Körper haftet, gereinigt und von dir genommen wird. Lade dann die Energie in dein System ein, die du gerade brauchst.
Wenn du Rauch nicht so gut verträgst oder es untersagt ist, in deiner Wohnung zu räuchern, gibt es genauso wirkungsvolle rauchfreie Alternativen. Du kannst zum Beispiel dein eigenes Raumreinigungsspray herstellen. Nutze dafür einfach das Rezept, das du bereits für das Zusammenmischen deines DIY-Auraspays kennengelernt hast. Verwende dabei Palo Santo als ätherisches Öl. Den feinen Nebel verteilst du dann mithilfe deines Zerstäubers in deiner Wohnung.

SICHERHEIT IM EIGENEN KÖRPER SPÜREN

Wir Menschen sind aufs Überleben programmiert. Eines unserer elementaren Grundbedürfnisse ist es daher, dass wir uns sicher und geborgen fühlen. Erst dann, wenn dieses Grundbedürfnis versorgt ist, kannst du das Leben mit all deinen Sinnen wahrnehmen und dich für all seine Erfahrungen öffnen. Dein Nervensystem – genauer gesagt ein Teil deines gesamten Nervensystems, und zwar dein autonomes Nervensystem – ist unentwegt damit beschäftigt, deine Umgebung darauf zu scannen, ob du dich in Sicherheit befindest oder nicht. Es wacht über alle lebensnotwendigen Grundfunktionen deines Körpers und steuert alle automatischen Funktionen wie Herzschlag, Verdauung und Atmung. Und das unterhalb deiner bewussten Wahrnehmung.

Stell dir vor, dein Körper ist wie ein Auto, das automatisch fährt, ohne dass du bewusst darüber nachdenken musst. Das autonome Nervensystem ist wie der Fahrer dieses Autos, der dafür sorgt, dass dein Körper all die wichtigen Dinge erledigt, wie atmen, Essen verdauen und dein Herz schlagen lassen. Es gibt zwei Teile im autonomen Nervensystem, die wichtig sind: der Sympathikus und der Parasympathikus. Der Sympathikus ist wie das Gaspedal im Auto. Wenn du dich ängstlich fühlst, aufgeregt oder gestresst bist, tritt er in Aktion. Der Sympathikus lässt dein Herz schneller schlagen, beschleunigt deine Atmung, macht dich wacher und bereit, Dinge zu tun. Das ist nützlich, wenn du zum Beispiel vor etwas wegrennen musst oder wenn eine besondere Situation deine volle Aufmerksamkeit benötigt.
Der Parasympathikus hingegen ist wie die Bremse im Auto. Wenn du dich entspannst oder ruhst, übernimmt er das Steuer und beruhigt dich. Er lässt dein Herz langsamer schlagen, deine Atmung ruhiger werden, regt die Verdauung an und hilft deinem Körper, sich zu erholen.
Sympathikus und Parasympathikus arbeiten zusammen, um deinen Körper im Gleichgewicht zu halten. Ihr Zusammenspiel führt dazu, dass immer diejenigen Körperfunktionen Vorrang erhalten, deren Aktivität in einer jeweiligen Situation am sinnvollsten ist.

Sympathikus und Parasympathikus

Die folgende Abbildung zeigt dir, wie sich die Aktivierung des Sympathikus oder Parasympathikus auf deinen Körper auswirkt und was genau in deinem Körper passiert, wenn eines der beiden Nervensysteme gerade am Steuer ist.

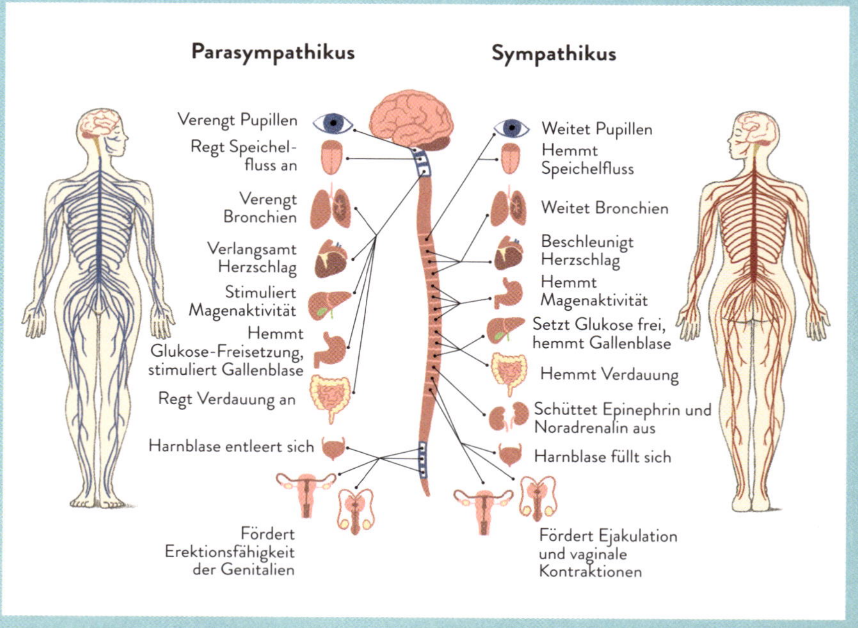

Dein autonomes Nervensystem entscheidet nicht bewusst, ob du dich in Sicherheit oder Gefahr befindest. Stattdessen reagiert es auf verschiedene Signale und Situationen in deiner Umgebung, um deinen Körper auf die bestmögliche Weise anzupassen. Es gibt insgesamt vier Kategorien von Bedürfnissen, die es dafür unter die Lupe nimmt:

1. Elementare körperliche Bedürfnisse wie ausreichend Nahrung, Ruhe, Körperkontakt und körperliche Unversehrtheit
2. Emotionale sowie soziale Bedürfnisse wie das Gefühl von Zugehörigkeit sowie Geborgenheit und zwischenmenschliche Verbindungen
3. Materielle Bedürfnisse wie ein sicherer Wohnraum, angemessene Kleidung sowie finanzielle Mittel und Ressourcen
4. Mentale Bedürfnisse (Anerkennung, Wertschätzung, Autonomie, Respekt)

Basierend auf den Informationen, die es von deinen Sinnen und deinem Gehirn zu der Erfüllung oder auch Nicht-Erfüllung dieser Bedürfnisse erhält, entscheidet dein Nervensystem automatisch, ob Gas- oder Bremspedal gedrückt werden muss. Manchmal kann es dazu kommen, dass dein Nervensystem überreagiert, zum Beispiel wenn du unter chronischem Stress stehst. Du kannst jedoch gezielt Einfluss auf dein Nervensystem nehmen und es so beruhigen. Das kann dir dabei helfen, dich zu entspannen, Sicherheit in deinem eigenen Körper zu erleben und das Leben wieder in all seinen Facetten wahrzunehmen, anstatt dich andauernd im Überlebensmodus zu befinden.
Die Arbeit mit dem Atem eignet sich besonders gut, um das Nervensystem zu beruhigen. Es ist eine der wenigen Körperfunktionen, auf die du bewusst Einfluss nehmen kannst. Das autonome Nervensystem reagiert unmittelbar auf die Art und Weise, wie du atmest.

»Sei die Energie, die du von anderen aufnehmen willst.«

A.D. Posey

Box Breathing – Atmen im Quadrat

Box Breathing ist eine Atemübung, die dir helfen kann, deine Atmung zu verlangsamen. Sie beruhigt so dein Nervensystem und baut Stress in deinem Körper ab. Diese Atemübung eignet sich hervorragend als Sofort-Methode und auch als kurze Einheit am Ende deines Tages.

- **Setze dich auf einen Stuhl.** Dabei sollten deine Füße Bodenkontakt haben und dein Rücken gestützt sein.
- **Lege eine Hand auf deinen Bauch** und die andere auf deine Brust.
- **Atme erstmal normal** und beobachte die Bewegungen deines Bauches und deiner Brust. Wenn du merkst, dass sich dein Brustkorb hebt, dein Bauch aber nicht, atmest du zu flach. Drücke deinen Bauch nach außen und konzentriere dich auf gleichmäßige, tiefe Atemzüge. Wenn sich dein Bauch hebt, atmest du tief genug und aktivierst die volle Entspannung deines Körpers.
- **Sobald du eine ausreichend tiefe Atmung eingenommen hast** und dein Bauch sich genauso nach außen wölbt wie deine Brust, kannst du mit dem Box Breathing beginnen.
- **Atme durch die Nase ein** und zähle dabei langsam bis vier. Spüre, wie die Luft in deine Lunge eindringt.
- **Halte den Atem** vier Sekunden lang an.
- **Atme dann vier Sekunden lang** langsam durch den Mund aus.
- **Halte den Atem wieder** vier Sekunden lang an.
- **Wiederhole diesen Kreislauf** mindestens zehn Mal.

Indem du deine Muskeln bewusst abwechselnd an- und entspannst, signalisierst du deinem Körper, dass es Zeit ist, den Parasympathikus zu aktivieren. Die sogenannte progressive Muskelentspannung hilft dir dabei, Anspannungen in deinem Körper zu vergegenwärtigen und zu lösen. So kannst du die Ausschüttung des Stresshormons Cortisol reduzieren.

Progressive Muskelentspannung nach Jakobson

So wie du es bereits vom Körperscan kennst, gehst du deinen Körper bewusst Stück für Stück durch. Dabei spannst du jede Muskelgruppe für fünf Sekunden an, bevor du sie wieder entspannst. Beim Anspannen atmest du durch die Nase ein, beim Entspannen kräftig durch den Mund aus.

- **Setze dich auf einen Stuhl** und nimm eine bequeme Haltung ein. Deine Hände kannst du auf deine Oberschenkel legen.
- **Fühle,** wie deine Füße Bodenkontakt herstellen.
- **Schließe** deine Augen.
- **Richte deine Aufmerksamkeit** nun auf deine Füße. Spanne deine Füße an, indem du die Zehen und die Fußsohlen krümmst. Atme dabei ein und halte die Spannung. Beobachte, wie sich dies anfühlt.
- **Nach fünf Sekunden** lässt du die Spannung los und atmest kräftig durch den Mund aus. Lass das Gefühl von Entspannung in dir wirken.
- **Gehe mit deinem Bewusstsein** jetzt zu deinen Unterschenkeln. Spanne die Muskeln in deinen Waden an. Halte die Spannung wieder für fünf Sekunden, atme ein und achte darauf, wie sich dein Körper dabei anfühlt.
- **Lass die Spannung** in deinen Unterschenkeln wieder los. Nimm das Gefühl von Entspannung wahr und atme durch den Mund aus.
- **Jetzt spannst du die Muskeln** in deinen Oberschenkeln und deinem Becken an, indem du deine Oberschenkel gegeneinanderdrückst. Halte die Spannung wieder für fünf Sekunden, atme ein und fokussiere dich auf dein Körpergefühl.
- **Lass die Anspannung los,** atme durch den Mund aus und fokussiere das Gefühl der Entspannung.

- **Spanne nun deinen Magen und deinen Brustkorb an,** indem du deinen Bauch einziehst. Atme dabei ein und halte die Spannung für fünf Sekunden. Konzentriere dich auf das Gefühl, das dabei in deinem Körper entsteht.
- **Atme durch den Mund aus,** während du die Anspannung löst und das Gefühl der Entspannung bewusst wahrnimmst.
- **Spanne jetzt die Muskeln in deinem Rücken an,** indem du deine Schulterblätter nach hinten ziehst. Atme dabei ein und nimm das Gefühl der Anspannung wahr.
- **Nach fünf Sekunden lässt du wieder los,** atmest durch den Mund aus und konzentrierst dich auf das Gefühl der Entspannung.
- **Jetzt erzeugst du Spannung in deinen Armen** von den Händen bis zu den Schultern, indem du deine Ellenbogen anwinkelst und deine Hände zu Fäusten ballst. Halte die Spannung fünf Sekunden lang, atme dabei ein und achte auf das Gefühl in deinem Körper.
- **Lass wieder los,** atme aus und nimm den Kontrast der Entspannung wahr.
- **Richte deine Aufmerksamkeit jetzt auf deinen Nacken und Kopf.** Spanne Gesicht und Nacken an, indem du die Muskeln um deine Augen und um den Mund herum verziehst. Halte diesen Zustand wieder für fünf Sekunden, atme dabei ein und fokussiere das Gefühl der Anspannung.
- **Lass die Anspannung los,** atme kräftig durch den Mund aus und achte auf den Unterschied in deinem Körpergefühl.
- **Spanne abschließend deinen gesamten Körper an.**
- **Lasse nach fünf Sekunden wieder los** und lass deinen Körper ganz weich werden. Achte auf das Gefühl von Entspannung und wie es sich von dem der Anspannung unterscheidet.
- **Beginne, dich langsam wieder in der Gegenwart zu verankern.** Bewege deine Finger und Zehen leicht. Strecke dich vorsichtig und nimm die Umgebung um dich herum wahr. Wenn du bereit bist, öffne langsam deine Augen.

Auch Berührung und körperliche Nähe können das parasympathische Nervensystem positiv beeinflussen. Wenn du liebevoll berührt wirst oder dich in körperlicher Nähe zu jemandem befindest, den du gernhast, kann dies verschiedene Reaktionen in deinem Körper auslösen, die das parasympathische Nervensystem aktivieren. Dazu gehören die Verringerung von Stresshormonen wie Cortisol, Senkung des Blutdrucks, Freisetzung von Oxytocin, einem Bindungshormon, sowie die Steigerung des allgemeinen Wohlbefindens.

Schmetterlingsumarmung

Die Schmetterlingsumarmung ist eine liebevolle und achtsame Übung, die dir dabei hilft, dir selbst Zuneigung und Wärme zu schenken. Es ist wie eine liebevolle Umarmung, die du dir selbst gibst.

SO GEHT'S:

1. **Finde eine bequeme Sitzposition** oder stelle dich aufrecht hin. Atme ein paar Mal tief ein und aus, um dich zu zentrieren. Nimm dir einen Moment Zeit, um in dich hineinzuhorchen und deine Gefühle und Gedanken wahrzunehmen, ohne sie dabei zu bewerten.
2. **Kreuze deine Hände** und lege sie so auf deine Brust, sodass jeder Mittelfinger direkt unter dem gegenüberliegenden Schlüsselbein liegt.
3. **Fächere deine Finger auf.** Deine Daumen zeigen zum Kinn. Deine Hände liegen nun wie ein Schmetterling auf deiner Brust. Deine Daumen bilden den Körper und die restlichen Finger die Flügel des Schmetterlings.
4. **Schließe nun deine Augen.**

5. **Jetzt klopfst du abwechselnd** langsam und rhythmisch mit den „Flügeln“ auf deine Brust (links, rechts, links, rechts usw.). Wiederhole diese Bewegung acht Mal pro Seite. Atme dabei tief ein und aus.
6. **Halte nach den acht Sätzen kurz inne und prüfe,** wie sich das Empfinden deiner inneren Welt verändert hat.
7. **Wiederhole das Flattern** mit deinen Schmetterlingsflügeln so lange, bis du ein Gefühl der Entspannung in deinem Körper bemerkst. Halte jedes Mal nach acht Sätzen inne, um deine innere Welt wahrzunehmen und entscheide dann, ob du fortfahren möchtest oder der gewünschte Zustand der Entspannung erreicht ist.

Körperliche Nähe spielt eine wichtige Rolle bei der Förderung von Wohlbefinden und Entspannung.

Denke daran, dass diese Übungen zwar auch sofortige Erleichterung bringen können, jedoch am effektivsten wirken, wenn sie regelmäßig – bestenfalls täglich – durchgeführt werden. Wähle deshalb diejenigen aus, die am besten zu dir passen, und integriere sie in deine tägliche Routine, um ein tieferes Gefühl der Sicherheit und Entspannung in deinem Körper zu entwickeln.

EMOTIONEN – ENERGIE IN BEWEGUNG

»E-motions are energy in motion.« – Emotionen sind Energie in Bewegung. Sie wollen gefühlt werden und sie wollen, dass du sie durch deinen Körper »durchfließen« lässt. Wir leben in einer Gesellschaft, die stark von ihrem emotionalen Erleben abgekoppelt ist. Die meisten von uns haben in ihrer Kindheit nicht beigebracht bekommen, wie ein gesunder Umgang mit den eigenen Emotionen aussieht. »Jetzt beruhig' dich mal! Es ist doch nichts passiert!« oder »Ein Indianer kennt keinen Schmerz« sind vielleicht Sätze, die du noch von früher kennst und die dazu geführt haben, dass du deine Emotionen lieber unterdrückst als sie zu fühlen. Doch Energie lässt sich nicht unterdrücken. Auch wenn du sie ignorierst, ist sie immer noch da. Unterdrückte Gefühle werden mit der Zeit immer lauter. Irgendwann zwingen sie dich dazu, hinzuschauen und finden einen anderen Weg, um sich auszudrücken. Im schlimmsten Fall als körperliche Beschwerde oder Krankheit. Stell es dir vor wie bei einem Ball, den du unter Wasser drückst. Er verschwindet für eine kurze Zeit aus deinem Blickfeld, schießt dann aber unkontrolliert und unter Druck an einer anderen Stelle wieder hoch. Daher ist es wichtig, dass du einen liebevollen und achtsamen Umgang mit deiner Gefühlswelt pflegst. Vielleicht denkst du jetzt: »Eigentlich habe ich einen gesunden Umgang mit meinen Emotionen«, doch wie sieht es aus, wenn gerade etwas nicht so läuft, wie du es dir vorgestellt hast? Die meisten Menschen können mit ihren Gefühlen gut umgehen, wenn im Außen alles reibungslos läuft, und merken die emotionale Überforderung erst, wenn es eben nicht so ist. Damit begibst du dich aber in ein Abhängigkeitsverhältnis, das dich davon abhält, in deine persönliche Kraft zu treten.

Stell dir vor, du bist Kapitän eines Schiffes, das durch stürmische Gewässer segelt. Diese stürmischen Gewässer repräsentieren die schwierigen Situationen und starken Emotionen, mit denen du konfrontiert wirst. Als Kapitän liegt es in deiner Verantwortung, das Schiff sicher durch diese Stürme zu lenken. Genauso wie du die Karten studierst, um die Gewässer zu verstehen, solltest

Die Kunst, Emotionen in Worte zu fassen, kann herausfordernd sein, da Gefühle oft nuanciert und komplex sind.

du auch deine Emotionen kennen. Erkenne, was du fühlst, und verstehe, warum du diese Emotion erlebst. Wenn das Schiff von den Wellen hin und her geworfen wird, stabilisierst du den Kurs, um weiterhin auf diesem zu bleiben. Genauso kannst du Tools wie Atemübungen oder Meditationen nutzen, um dich zu beruhigen und deine Emotionen zu stabilisieren. In stürmischen Zeiten änderst du möglicherweise die Segelstellung, um den Wind optimal zu nutzen. Ähnlich kannst du Änderungen an dir vornehmen, um deine Reaktion auf deine Emotionen anzupassen, sei es durch positive Selbstgespräche oder das bewusste Lenken deiner Gedanken. Ein erfahrener Kapitän bewahrt auch in den stürmischsten Momenten Ruhe. Das bedeutet nicht, keine Emotionen zu haben, sondern die Kontrolle über deine Reaktionen zu behalten, indem du bewusst handelst, statt impulsiv zu reagieren. Jedes Mal, wenn du das Schiff durch schwierige Gewässer navigierst, gewinnst du an Erfahrung und wirst besser darin. So funktioniert es auch mit dem Umgang mit starken Emotionen – mit der Zeit wirst du geschickter darin, sie zu bewältigen. Im Leben wird es immer sowohl ruhige Gewässer als auch stürmische See geben. Das Ziel ist nicht, die Stürme zu vermeiden, sondern zu lernen, sie auf eine Weise zu durchqueren, die deine emotionale Gesundheit stärkt.

GEFÜHLE BENENNEN MITHILFE DES „RADS DER EMOTIONEN"

Das präzise Benennen von Emotionen wirkt wie eine Brücke zwischen deinen Gefühlen und deinem Verstand. Das erleichtert dir zu verstehen, warum du dich fühlst wie du dich fühlst und hilft dir dabei, die Kontrolle über deinen emotionalen Zustand zurückzugewinnen sowie dich selbst zu regulieren. Schaffst du es nämlich, deine Gefühle genauestens in Worte zu fassen, gibst du ihnen eine konkrete Form, die dann besser von dem Teil deines Gehirns verarbeitet werden kann, der für das rationale Denken und die Selbstkontrolle verantwortlich ist – dem präfrontalen Kortex. So gewinnst du Distanz zu der Emotion, kannst dich von einem Beobachterstandpunkt aus betrachten und bewusst wählen, wie du reagieren möchtest. Das »Rad der Emotionen« kann dir dabei helfen, das richtige Wort für dein Gefühl zu finden.

Im Alltag ist seine Anwendung eine bereichernde Möglichkeit, deine Gefühlswelt zu verstehen und konstruktiv zu beeinflussen. Beginne damit, deine gegenwärtige Emotion zu identifizieren. Schaue auf das Rad und erkenne, welcher der sechs Grundemotionen in der Mitte des Rades sie am nächsten kommt. Fühlst du dich ärgerlich, traurig, überrascht, ängstlich, glücklich oder ablehnend? Die äußeren Speichen repräsentieren Intensitäten und Mischungen der Grundemotionen. Wenn du dich in der Mitte befindest, erlebst du wahrscheinlich eine moderate Emotion. Setze dich intensiver mit deiner Emotion auseinander, um eine differenziertere Einordnung vornehmen zu können. Dann frage dich, was diese Emotion dir sagen möchte. Akzeptiere sie ohne Urteil. Überlege, wie du konstruktiv mit ihr umgehen kannst. Positive Emotionen können verstärkt und genossen werden, während negative Emotionen als Hinweise auf unerfüllte Bedürfnisse dienen. Die regelmäßige Anwendung des Rads ermöglicht dir eine bewusstere Emotionsregulation und fördert deine emotionale Intelligenz.

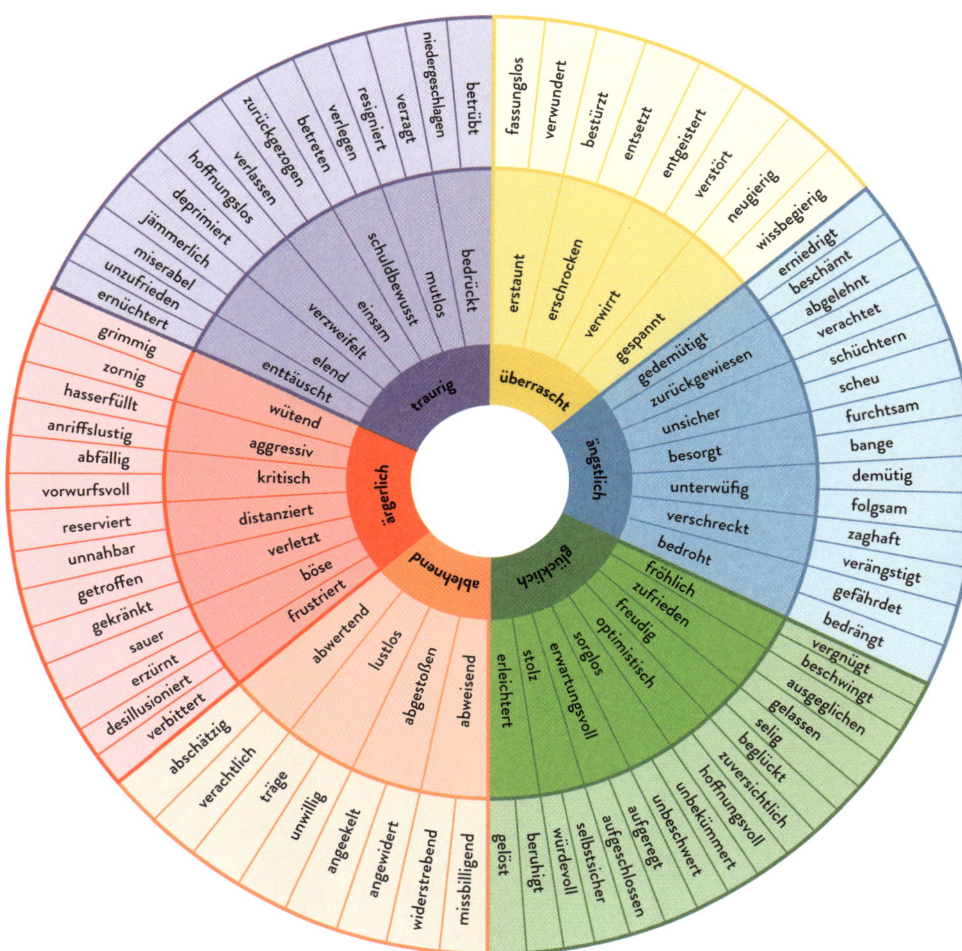

traurig
bedrückt
mutlos
schuldbewusst
einsam
verzweifelt
elend
enttäuscht
betrübt
niedergeschlagen
verzagt
resigniert
verlegen
betreten
zurückgezogen
verlassen
hoffnungslos
deprimiert
jämmerlich
miserabel
unzufrieden
ernüchtert
überrascht
erstaunt
erschrocken
verwirrt
gespannt
fassungslos
verwundert
bestürzt
entsetzt
entgeistert
verstört
neugierig
wissbegierig
ängstlich
gedemütigt
zurückgewiesen
unsicher
besorgt
unterwüfig
verschreckt
bedroht
erniedrigt
beschämt
abgelehnt
verachtet
schüchtern
scheu
furchtsam
bange
demütig
folgsam
zaghaft
verängstigt
gefährdet
bedrängt
glücklich
fröhlich
zufrieden
freudig
optimistisch
sorglos
erwartungsvoll
stolz
erleichtert
vergnügt
beschwingt
ausgeglichen
gelassen
selig
beglückt
zuversichtlich
hoffnungsvoll
unbekümmert
unbeschwert
aufgeregt
aufgeschlossen
selbstsicher
würdevoll
beruhigt
gelöst
ablehnend
abweisend
abgestoßen
lustlos
abwertend
missbilligend
widerstrebend
angewidert
angeekelt
unwillig
träge
verachtlich
abschätzig
ärgerlich
wütend
aggressiv
kritisch
distanziert
verletzt
böse
frustriert
grimmig
zornig
hasserfüllt
anriffslustig
abfällig
vorwurfsvoll
reserviert
unnahbar
getroffen
gekränkt
sauer
erzürnt
desillusioniert
verbittert

EMOTIONEN ALS KOMPASS VERSTEHEN LERNEN

Wir Menschen können eine riesige Bandbreite an Emotionen fühlen. Häufig wurden wir dazu konditioniert, Gefühle wie Wut oder Trauer als negativ abzustempeln. Das führt dazu, dass wir sie mit großem Nachdruck vermeiden wollen und somit unterdrücken, was zu energetischen Blockaden sowie Krankheiten führen kann. Ich möchte dir eine neue Perspektive auf deine Emotionen eröffnen. Ich verstehe Emotionen als wegweisenden Kompass fürs Leben. Ohne sie wüssten wir nicht, ob wir uns in die richtige Richtung bewegen. Für mich gibt es keine negativen Emotionen. Manche sind unbequemer als andere, dennoch sind alle Emotionen so voller Wert und jede von ihnen hat ihre eigene Funktion. Jedes einzelne Gefühl trägt eine wichtige Nachricht für dich, die dich wie ein Navi auf deinem Weg führt und dich zurückleitet, wenn du mal davon abkommst. Sie halten eine tiefe Weisheit für dich bereit und wenn du ihnen zuhörst, teilen sie dir mit, welcher Bereich in deinem Leben deine Aufmerksamkeit oder eine Veränderung braucht.

Unbequeme Emotionen anzunehmen ist wichtig für dein persönliches Wachstum. Jede Emotion ist ein wertvoller Botschafter deiner inneren Welt.

Das Gästehaus

ein Gedicht von Rumi

Dschalal ad-Din ar-Rumi (*30. September 1207, † 17. Dezember 1273) war ein persischer Mystiker und einer der bedeutendsten persischsprachigen Dichter des Mittelalters. Mit seinem Gedicht „Das Gästehaus“ eröffnet er eine liebevolle und achtsame Sichtweise auf den Umgang mit Emotionen – auch den unbequemen.

Der Mensch gleicht einem Gästehaus.
Jeden Morgen ein neuer Gast.
Eine Freude, ein Kummer, eine Gemeinheit –
ein kurzer Moment von Achtsamkeit
kommen als unverhoffte Besucher.
Heiße sie willkommen und bewirte sie alle!
Selbst wenn es eine Schar von Kummer und Sorgen ist,
die die Einrichtung Deines Hauses
kurz und klein schlägt,
auch dann behandle jeden Gast ehrenvoll.
Vielleicht räumt er alles aus
für eine neue Freude.
Den dunklen Gedanken, der Scham, der Bosheit –
begegne ihnen mit einem Lächeln an der Tür
und bitte sie herein.
Danke jedem für sein Kommen, wer es auch sei,
denn ein jeder ist geschickt worden,
um Dir etwas Wichtiges mitzuteilen.

Nimm dein Journal zur Hand und reflektiere über folgende Fragen:

- Welche Emotionen sind in letzter Zeit häufiger bei dir zu Gast?
- Wie begegnest du ihnen?
- Gibt es Gefühle, die du mit offenen Armen empfängst und solche, vor denen du die Tür verschließt?
- Welche Art von Gastgeber möchtest du sein?
- Kannst du erkennen, aus welchem Grund deine Gäste zu dir kommen?

So teilt dir deine Wut mit, dass an irgendeiner Stelle deine Grenzen überschritten oder deine Werte verletzt wurden. Sie signalisiert dir, dass du für dich selbst eintreten, deine Grenzen schärfen und deine Bedürfnisse respektieren sollst – auch indem du sie anderen mitteilst, damit sie sie respektieren können. Denke an die Übung zurück, in der du gelernt hast, deine persönlichen Grenzen aufzustellen.

Setze deine Wut auf gesunde Weise frei

Wenn du richtig wütend bist, kann dir folgende Übung dabei helfen, deiner Wut Ausdruck zu verleihen und sie auf kontrollierte Weise freizusetzen:

- Such dir einen Raum, in dem du ungestört und für dich sein kannst.
- Nimm ein festes Kissen zur Hand.
- Stell dir vor, dass das Kissen symbolisch für deine Wut steht oder für das, was dich verärgert hat.
- Balle deine Hände zu Fäusten und fange an, langsam und rhythmisch auf das Kissen einzuschlagen.
- Spüre die Energie, die du aus deinem Körper holst, um das Kissen zu schlagen.
- Lass deine Emotionen frei fließen. Du kannst währenddessen laut schreien, schimpfen oder einfach nur die Wut fühlen.
- Achte auf deinen Körper. Wenn du spürst, dass du genug Energie freigesetzt hast, höre auf.
- Setze dich hin, atme tief ein und aus, um dich zu beruhigen.
- Fühle in deinen Körper rein und nimm die Erleichterung oder vielleicht sogar Erschöpfung wahr.

Angst möchte dich auf mögliche Gefahren oder Bedrohungen aufmerksam machen. Sie hilft dir, wachsam zu sein und möchte dich schützen. Das war vor allem in der Zeit wichtig, als wir noch vor Säbelzahntigern fliehen mussten. Deshalb ist Angst mit dem »Aktivierer« deines autonomen Nervensystems verschaltet, dem Sympathikus. So kannst du dich bei potenzieller Gefahr rasch in den Flucht- oder Kampfmodus bewegen. Heutzutage haben wir keine natürlichen Feinde mehr. Daher empfinden wir in unserer modernen Welt Angst oft als Stress. Nicht immer ist Angst eine Reaktion auf eine tatsächliche Bedrohung. In vielen Fällen ist sie eine Reaktion auf eine subjektiv wahrgenommene Bedrohung, also auf eine, die nur in deinem Kopf existiert. Du malst dir alle mögliche Horrorszenarien aus, die mit größter Wahrscheinlichkeit gar nicht so eintreffen werden. Diese Gedanken lösen dann Angst und Stress in dir aus. Das Gefühl von Angst kann dir also als Erinnerung dienen, dich mehr im gegenwärtigen Moment zu verankern und nicht so sehr in der Vergangenheit oder Zukunft zu leben.

Bevor du dir genau anschauen kannst, was dir überhaupt Angst macht und ob diese Angst real ist, solltest du dein Nervensystem mit einer der Übungen, die du bereits kennengelernt hast, entspannen. Deine Angst wirst du nämlich durchs drüber nachdenken nicht erreichen können, da sie in einem Bereich deines Gehirns aktiviert ist, der für Sprache nicht zugänglich ist. Löse dich also zunächst von der Emotion, indem du mithilfe der Übungen Sicherheit in deinem Körper herstellst, und frage dich dann: Was genau macht mir Angst? Ist mein Leben gerade akut bedroht? Ist es eine Angst, die aus meiner Vergangenheit projiziert wird oder eine, die nur in meinem Kopf existiert?

Manchmal deutet Angst darauf hin, dass du deine Komfortzone verlässt, was vor allem in Phasen des persönlichen Wachstums ein gutes Zeichen ist. Dein Gehirn kommt in diesem Fall etwas durcheinander und verwechselt Unbekanntes mit Gefahr. Es mag den Komfort von Dingen, die es bereits kennt und von denen es weiß, wie man sie verarbeitet. Bekanntes hat sich in der Vergangenheit schließlich bewährt und dich nicht in Lebensgefahr gebracht. Aus der Sicht deines Gehirns sollte sich daher besser nichts verändern. Wenn du also etwas anders machst, selbst wenn es in eine positive Richtung geht, sendet dein Gehirn Warnsignale aus. Diese neue Art, Dinge zu tun, hat sich noch nicht als so sicher erwiesen wie die alte, und es möchte verhindern, dass du dich in Gefahr begibst.

Die 5-4-3-2-1-Übung

Die 5-4-3-2-1-Übung ist eine Achtsamkeitsübung, die dazu dient, dich aus einem ängstlichen oder überwältigenden Gedankenmuster herauszuziehen und deine Sinne auf den gegenwärtigen Moment zu lenken. Die Konzentration auf deine Sinneswahrnehmungen aktiviert den Parasympathikus und hilft dir so, dich zu entspannen und deinem Körper ein Gefühl von Sicherheit zu vermitteln.

1. **Nimm eine bequeme Position ein** und suche dir einen Punkt im Raum aus, auf dem du deinen Blick ruhen lassen kannst. Atme ein paar Mal tief ein und aus.
2. **Zähle jetzt fünf Dinge auf** (laut oder in Gedanken für dich), die du sehen kannst. Das kann alles Mögliche sein wie zum Beispiel ein Bild an der Wand, eine Zimmerpflanze oder ein Ring an deinem Finger. Denk nicht zu viel darüber nach, sondern benenne die ersten fünf Dinge, die du mit deinen Augen wahrnehmen kannst.
3. **Lenke jetzt deine Aufmerksamkeit auf das,** was du hören kannst und zähle fünf Dinge auf. Das kann das Schleuderprogramm deiner Waschmaschine, Vogelgezwitscher oder ein vorbeifahrendes Auto sein. Benenne einfach das, was du mit den Ohren zuerst wahrnimmst.
4. **Konzentriere dich nun aufs Fühlen** und zähle fünf Dinge auf, die du jetzt gerade spüren kannst. Das kann sowas sein wie der Wind auf deiner Haut, der Boden unter deinen Füßen oder das weiche Kissen unter deinem Po.
5. **Wiederhole die Schritte 2, 3 und 4,** diesmal mit jeweils vier Dingen, die du sehen, hören und spüren kannst. Dann geht es weiter mit drei Dingen, zwei Dingen und schließlich mit jeweils einer Wahrnehmung je Kategorie (Sehen, Hören, Spüren).

Es ist völlig in Ordnung, wenn du immer wieder dieselben Wahrnehmungen benennst. Wenn dich z. B. während der Phase des Sehens Geräusche stören, wechsle einfach zum Hören und integriere die Geräusche auf diese Weise in deine Wahrnehmung. Wenn du mit der Abfolge der Übung durcheinandergerätst, ist das ein Zeichen, dass du es gut machst und besonders schnell entspannst. Du kannst dann entweder in diesem Zustand verweilen oder „raten", wo du warst und fortfahren.

Fokussiere dich auf deine Sinneswahrnehmungen, um effektiv Ängste loszulassen und im gegenwärtigen Moment inneren Frieden zu finden.

Trauer ist ein Gefühl, das durch viele Ereignisse ausgelöst werden kann, z. B. durch den Verlust einer nahestehenden Person, des Arbeitsplatzes oder das Zerbrechen einer Beziehung. Es ist ein Hinweis darauf, dass dir im Leben etwas fehlt, du einen Verlust erlitten oder eine Enttäuschung erfahren hast. Trauer möchte dir zeigen, dass du Zeit für Heilung und Verarbeitung brauchst. Das Bedürfnis nach Trost, Unterstützung und besonderer Selbstfürsorge steht dann im Vordergrund. Weinen ist im Trauerprozess sehr wichtig, denn deine Tränen helfen dir, den Stress, der durch die auslösende Situation entstanden ist, abzubauen. Das Weinen ist mit deinem Nervensystem verbunden und ein natürlicher Impuls deines Körpers, sich selbst zu regulieren. Deine Tränen enthalten das Bindungshormon Oxytocin sowie Endorphine. Nach dem Weinen fühlst du dich entspannter, weil die Tränen dazu beitragen, das Stresshormon Cortisol in deinem Körper zu reduzieren. Weinen reinigt die Seele also im wahrsten Sinne des Wortes. Hältst du deine Tränen zurück, vergiftest du deinen Körper.

Weinen ist die Sprache der Trauer, die ohne Worte unsere innersten Gefühle ausdrückt und uns ermöglicht, den Schmerz zu erleichtern.

Wenn du einfach nicht weinen kannst

Möglicherweise fällt es dir schwer, Tränen zuzulassen, selbst wenn du das Bedürfnis danach verspürst. Hier sind einige Tipps, die dir dabei helfen können, die Tränen fließen zu lassen:

1. **Wähle den richtigen Ort:** Finde einen ruhigen und privaten Ort, an dem du dich wohlfühlst und ungestört bist.
2. **Zeitpunkt:** Plane bewusst Zeit für dich ein, in der du dich deinen Emotionen widmen kannst. Vermeide es, diese Zeit mit anderen Verpflichtungen zu überladen.
3. **Ablenkungen minimieren:** Schalte alle Ablenkungen aus, wie Handy, Fernseher oder Türklingel.
4. **Körperliche Entspannung:** Setze dich oder lege dich bequem hin. Lasse deine Muskeln locker und atme tief ein und aus, um körperliche Anspannungen zu lösen.
5. **Achtsamkeitsübungen:** Praktiziere Achtsamkeitsübungen wie das Beobachten deines Atems oder den Körperscan, um im gegenwärtigen Moment präsent zu sein.
6. **Visualisierung:** Versuche, dich in eine emotionale Situation hineinzuversetzen, die Tränen auslösen könnte. Stelle dir diese Situation so lebendig wie möglich vor.
7. **Gedanken und Gefühle erkunden:** Reflektiere über deine Gedanken und Gefühle. Schreibe sie in einem Tagebuch auf oder sprich sie leise aus, um ihnen eine Stimme zu geben.
8. **Selbstmitgefühl:** Führe dir vor Augen, dass das Weinen ein Akt der Selbstfürsorge ist. Sei sanft und geduldig mit dir selbst und erkenne an, dass es in Ordnung ist, zu weinen.

9. **Musik oder Filme:** Wenn du Schwierigkeiten hast, auf natürliche Weise zu weinen, könnten emotionale Musikstücke oder Filme dabei helfen, Emotionen auszulösen.

10. **Gespräch:** Manchmal kann ein einfaches Gespräch mit einem vertrauenswürdigen Freund oder Therapeuten den Weg zu den Tränen ebnen.

11. **Gib dir Zeit:** Weinen erfordert Geduld. Erlaube dir, so viel Zeit zu nehmen, wie du brauchst, und zwinge dich nicht dazu.

Jeder Mensch ist anders, wenn es um den emotionalen Ausdruck geht. Es gibt keine „richtige“ oder „falsche“ Art zu weinen. Wenn du das Gefühl hast, dass du tiefliegende Emotionen oder Traumata verarbeitest, kann es besonders wichtig sein, Unterstützung von einem Fachmann zu suchen. Therapeuten und Psychologen können dabei helfen, die Barrieren zu überwinden und den Prozess der emotionalen Freisetzung zu unterstützen.

Manchmal ist die Unfähigkeit zu weinen eine stille Art, Trauer zu tragen, und zeigt, dass Schmerz auf unterschiedliche Weisen erlebt wird.

WENN DU „ZU VIEL" FÜHLST

Gerade als hochsensibler, äußerst empathischer Mensch kann es schnell dazu kommen, dass du »zu viel« fühlst. Die Emotionen deiner Mitmenschen prasseln ungefiltert auf dich ein und können leicht zu Überforderung sowie emotionaler Erschöpfung führen. Eine stark ausgeprägte Empathie und die hochsensiblen Antennen für deine Umgebung können dir so wie eine Last vorkommen. An manchen Tagen wünschst du dir vielleicht sogar, deine Gefühle völlig abschalten zu können. Doch damit würdest du nicht nur verhindern, die Energie im Außen zu fühlen, sondern würdest auch dich selbst nicht mehr spüren können. Lernst du aber mit deiner Gabe richtig umzugehen und sie bestmöglich für dein Leben einzusetzen, kannst du erkennen, dass es sich eigentlich um ein kostbares Geschenk handelt. Besonders wichtig an dieser Stelle ist es, persönliche Grenzen aufzustellen und auch zu wahren. Lerne zu verstehen, dass alles, was du in deinem Umfeld fühlen kannst, keine direkte Aufforderung zum Handeln ist. Du entscheidest, wann und worauf du reagieren möchtest. Nur, weil du die Energien deiner Mitmenschen besonders gut lesen kannst, bedeutet es noch lange nicht, dass sie zu deiner Verantwortung werden. Frage dich also nicht, was andere von dir wollen oder brauchen könnten, sondern was du willst und brauchst. Deine Priorität darf bei dir bleiben. Das mag auf den ersten Blick egoistisch klingen, aber wem kannst du mit deiner Gabe dienen, wenn du selbst völlig ausgelaugt bist? »You can't pour from an empty cup« – Man kann nicht aus einem leeren Becher schöpfen. Wenn du dich also nicht gut um dich selbst und deine Bedürfnisse kümmerst, so kannst du irgendwann niemanden mehr umsorgen, weil du all deine Kräfte ausgeschöpft hast. Du hast in diesem Buch nun allerhand Werkzeuge mitbekommen, die dir helfen können, deine Batterien aufzuladen. Vor allem die Aurareinigung sowie die Übungen zur Beruhigung deines Nervensystems sind hier besonders wichtig. Denn die Voraussetzung für einen liebevollen Umgang mit Emotionen ist ein entspanntes Nervensystem. Erst wenn dein Körper Sicherheit verspürt, kann er Gefühle überhaupt zulassen. Andernfalls kommt es zur Überforderung und dem Eindruck, die eigene Gefühlswelt nicht halten zu können. Nutze diese Tools also täglich und achte auf deinen »Akkustand«!

Ziehe deinen energetischen Schutzmantel an

Wenn sich die Welt um dich herum zu intensiv anfühlt oder du in einer Situation emotional überfordert bist, kann dir das Visualisieren eines energetischen Schutzmantels helfen. Gerade für das laute Stadtleben ist diese Methode bestens geeignet.

- **Beginne mit ein paar tiefen Atemzügen,** um zur Ruhe zu kommen. Atme tief durch die Nase ein und aus.
- **Stelle dir vor, wie du einen energetischen Mantel anziehst.** Er ist warm und schützend. Gib ihm die Form und Farbe, die dir gefällt. Ist es ein Wollmantel oder ein Trenchcoat? Hat dein Mantel eine Kapuze?
- **Dieser Mantel ist dein persönlicher energetischer Schutzschild**. Spüre, wie er sanft auf deiner Haut liegt und dich umhüllt. Du entscheidest, wie du ihn tragen möchtest. Möchtest du ihn offenlassen oder fest zuschnüren? Möchtest du die Kapuze aufsetzen oder hängen lassen? Du kannst die verschiedenen Tragevarianten ausprobieren und dann entscheiden, was sich gerade besser anfühlt.
- **Sage nun in Gedanken sowas wie:** „Ich schaffe Raum für mich selbst. Dieser Mantel hält überwältigende Energien von mir fern. Ich bin sicher und geschützt."
- **Dein energetischer Schutzmantel hält nun alles von dir fern,** was du gerade nicht brauchst.
- **Setze deinen Mantel ab,** wenn du aus der emotional herausfordernden Situation ausgetreten bist bzw. dann, wenn du dich dazu bereit fühlst.

Hochsensibel zu sein ist eine Gabe, die eine tiefe Empathie und ein nuancenreiches Gefühlserleben mit sich bringt.

Fülle und Reichtum manifestieren
sich nicht nur in materiellen Besitztümern,
sondern auch in der Tiefe der Beziehungen,
der inneren Zufriedenheit und der Fülle an
Lebenserfahrungen.

Synchronisiere deine Energie für Fülle und Reichtum

In diesem Kapitel erfährst du, welches Geheimnis hinter dem Manifestieren steckt und was es braucht, um deine Wünsche und Ziele Wirklichkeit werden zu lassen. Außerdem lernst du, wie du dir die Energien des Mondes zunutze machen kannst. Ich führe dich Schritt für Schritt durch ein Neumond- sowie Vollmond-Ritual durch. Am Ende des Kapitels begegnest du deinem Höheren Selbst und legst den Anfang für eine innige Beziehung zu diesem.

DAS GEHEIMNIS DES MANIFESTIERENS

Der Begriff »Manifestieren« zieht zahlreiche Mythen und falsche Vorstellungen mit sich. Etwas zu manifestieren, bedeutet nicht, sich etwas zu wünschen und einfach zu warten, bis der Wunsch sich erfüllt. Auch wenn ich an Wunder glaube, so bedarf es beim Manifestieren eines proaktiven Beitrags unsererseits. Es geht dabei nicht darum, die totale Kontrolle zu haben oder alle unsere kurzfristigen Wünsche zu erfüllen. Beim wirklichen Manifestieren geht es nicht einmal darum, das zu bekommen, was wir zu wollen glauben, sondern das, was zum höchsten Wohl für alle ist. Natürlich fallen darunter auch Dinge, die du dir genau so vorgestellt hast. Das Ziel deiner Manifestationen sollte jedoch nicht sein, ihre Ergebnisse zu kontrollieren. Denn nicht immer ist der Plan, den du im Kopf hast, der Beste für dich und dein Leben. Manchmal hält das Universum noch viel bessere Optionen für dich bereit, von denen du nicht mal gewagt hast, zu träumen. Die Kunst des Manifestierens ist es also, dich dem Prozess voller Vertrauen hinzugeben und daran zu glauben, dass wenn das gewünschte Ergebnis nicht eintritt, ein noch viel Besseres auf dich wartet.

Manifestieren bedeutet, durch gezielte Gedanken und Emotionen deine eigene Realität zu formen.

Manifestieren ist ein kreativer – im Sinne von schöpferischer – Prozess, entlang dessen du dich in Einklang mit den Energien des Universums bringst, um das zur Realität werden zu lassen, was für dich und auch andere zum höchsten Wohl ist. Wenn du also manifestierst, geht es nicht darum, etwas zu bekommen, sondern es geht darum, etwas zu werden und bereits im Hier und Jetzt zu verkörpern. Denn Gleiches zieht Gleiches an. So machst du dir das Gesetz der Anziehung zunutze. Es besagt, dass ähnliche Energien einander anziehen, und dass positive oder negative Gedanken und Emotionen dazu neigen, entsprechende Ereignisse in das Leben einer Person zu ziehen.

Das Gesetz der Anziehung

Nach dem Gesetz der Anziehung zieht Gleiches Gleiches an. Das, was du denkst und fühlst, gestaltet deine äußere Welt. Änderst du deine persönlichen Einstellungen, so änderst du auch deine äußeren Lebensbedingungen. Und genau deswegen spielt das Gesetz der Anziehung eine so wichtige Rolle beim Manifestieren. Du ziehst das an, worauf du deinen gedanklichen und emotionalen Fokus setzt. Dein inneres Erleben im gegenwärtigen Moment ist dein Drehmoment für die Gestaltung der äußeren Umstände deines Lebens. Konzentriere dich auf das, was du willst und nicht auf das, was du nicht willst, um mehr davon in deinem Leben zu erschaffen. Das bedeutet nicht, dass du von nun an nur noch positiv denken und nichts außer Glück, Fülle und Freude fühlen darfst. Das wäre ein völlig falscher Ansatz und würde zur sogenannten toxischen Positivität führen. Toxische Positivität ist die Vermeidung bzw. die Verleugnung unbequemer Emotionen wie Trauer, Wut und Enttäuschung. Wenn du deine Emotionen unterdrückst, entstehen energetische Blockaden, die auch alles andere als hilfreich beim Manifestieren sind. Wenn du also das Gesetz der Anziehung für deine Manifestationen nutzen willst, ist es wichtig, dass du all deine Emotionen anerkennst und durchfließen lässt. Nutze dafür die Übungen, die du hier bereits gelernt hast. Andernfalls läufst du Gefahr, Gefühle wie Wut anzustauen und die Arbeit, die dich wirklich wachsen lässt, zu übergehen.

»Achte auf deine Gedanken,
denn sie werden zu Worten.
Achte auf deine Worte,
denn sie werden zu Handlungen.
Achte auf deine Handlungen,
denn sie werden zu Gewohnheiten.
Achte auf deine Gewohnheiten,
denn sie werden dein Charakter.
Achte auf deinen Charakter,
denn er wird dein Schicksal.«

Lao Tzu

Das Universum reagiert und antwortet dir auf deine Energie, also auf das, was du aussendest. Es ist daher wichtig, dass du jetzt, genau in diesem Moment, den emotionalen Zustand in dir hervorbringst, den du eigentlich mit deinen Zielen erreichen willst. Viel zu oft machen wir uns von »Wenn-dann-Bedingungen« abhängig. Wir verknüpfen den emotionalen Zustand, den wir erreichen wollen mit einer bestimmten Voraussetzung. »Ich werde erst glücklich sein, wenn ich den Job, den/ die Partner/in, die neue Wohnung etc. habe.« ist ein Gedanke, der uns davon abhält, eben das zu manifestieren. Wenn du dir mehr Liebe oder eine erfüllte Partnerschaft wünschst, warte nicht darauf, den richtigen Menschen zu treffen, der dir genau das geben kann, sondern fange damit an, dich selbst zu lieben. Löse dich von der Überzeugung, dass dein Glück von etwas Äußerem abhängt, denn alles, was du dafür brauchst, ist bereits in dir. Sobald du das Gefühl, das hinter deiner Manifestation steckt, in den gegenwärtigen Moment holst, wirst du automatisch anfangen, mehr davon in dein Leben zu ziehen. Beim Manifestieren kommt es also vor allem darauf an, wie du dich im gegenwärtigen Moment fühlst. Du kannst kein energetischer Magnet für etwas Großartiges sein, wenn du dich minderwertig und schlecht fühlst.

Deswegen ist der wichtigste Schritt beim Manifestieren der, genau hinzuschauen und festzustellen, was das Gefühl hinter deinen Zielen ist. Was ist es also, das du wirklich willst?
Wenn du dir beispielsweise finanzielle Fülle wünschst, dann sehr wahrscheinlich deswegen, weil du ein bestimmtes Gefühl mit einer gewissen Summe an Geld verbindest. Vielleicht ist es das Gefühl von Freiheit, Sicherheit oder Unabhängigkeit. Um genau dieses Gefühl zu erreichen, solltest du aber nicht darauf warten, bis du einen bestimmten Kontostand erreicht hast. Frage dich stattdessen, wie du deine Energie im gegenwärtigen Moment in dieses Gefühl lenken kannst.
Wie kannst du dich heute schon frei, sicher und unabhängig fühlen? Nur so erschaffst du eine Energie um dich herum, die es dir erlaubt, mehr davon anzuziehen. Das ist das große und doch so simple Geheimnis hinter dem Prozess des Manifestierens: dich jetzt in dieser Sekunde schon so zu fühlen, wie du es dir für deine Zukunft wünschst und alles dafür zu unternehmen, um dieses Gefühl zu kultivieren.

Bringe das Gefühl hinter deiner Manifestation ins Hier und Jetzt!

Beschreibe die Energie, Erfahrungen und Emotionen, die du in dein Leben bringen möchtest. Werde so konkret wie möglich und konzentriere dich beim Schreiben auf das Gefühl – so als würde alles, was du aufschreibst, jetzt gerade wirklich passieren. Wähle genau aus diesem Grund die Gegenwartsform, schreibe also nicht „Ich werde mich frei fühlen und jeden Abend den Sonnenuntergang auf Ibiza genießen", sondern „Ich fühle mich frei und genieße jeden Abend den Sonnenuntergang auf Ibiza."

....

....

....

Jetzt, wo du dir klar gemacht hast, welche Gefühle hinter deinen Wünschen und Zielen liegen, überlege dir, was du heute schon tun kannst, um diese zu kultivieren. Wenn du beispielsweise mehr Liebe in deinem Leben willst, wie kannst du dich selbst mehr lieben? Wenn du mehr Fülle willst, wie kannst du heute schon die Fülle um dich herum mehr wahrnehmen? Schreibe eine Sache auf, die du heute schon tun kannst, um das bestimmte Gefühl zu fördern, das du in dein Leben ziehen willst:

....

....

Das Manifestieren erwartet auch einen proaktiven Beitrag von dir selbst. Jetzt heißt es also ins Handeln zu kommen! Tue, was nötig ist, um das Gefühl heute schon zu spüren. Du brauchst und solltest vor allem nicht darauf warten, dass dein Wunsch oder Ziel in der Realität Fuß fasst, um all seine positiven Auswirkungen auf deine Gefühlswelt wahrzunehmen. Dein Ziel ist finanzielle Fülle? Dann eröffne jetzt ein Sparkonto und überweise dir zehn Euro darauf, bilde dich im Investitionsfeld weiter oder überlege dir, wie du passives bzw. nebenberufliches Einkommen generieren kannst. Deine Manifestationen drehen sich ums Thema Gesundheit und Fitness? Dann stelle einen konkreten Plan auf, wie du deine Ernährung optimieren und deinen Körper mehr bewegen kannst. Du willst dich geliebt fühlen? Dann tu etwas Liebevolles für dich selbst. Lass dir ein Bad einlaufen, buche dir eine wohltuende Massage oder gleich einen ganzen Spa-Tag. Schreibe konkrete Handlungen auf, die du vornehmen kannst, um das bestimmte Gefühl heute schon zu erfahren:

....

....

Überfordere dich nicht und nimm dir eins nach dem anderen vor. Es macht mehr Sinn, dass du deine Energie voll und ganz auf ein bis zwei konkrete Ziele richtest, als wenn du von allem nur ein bisschen machst. Verpflichte dich dazu, eine konkrete Handlung vorzunehmen, um das Gefühl heute schon zu fördern, das du manifestieren willst. Dafür stellst du folgenden Vertrag mit dir selbst auf:

Ich, ... (Name), verpflichte mich dazu,

.... (konkrete

Handlung). Ich verspreche mir selbst, dies bis zum ....

(Datum) zu tun.

.... (Datum, Ort) .... (Unterschrift)

DIE MAGIE DES MONDZYKLUS

Für unsere Vorfahren war es völlig normal, sich in Zyklen zu bewegen und zu leben. Sie haben es verstanden, ihr Leben im Einklang mit der Natur zu gestalten und wussten, wann es Zeit ist zu wachsen und wann zu ruhen. Hierfür diente der Mond ihnen als Orientierungshilfe sowie Zeitmesser, noch lange bevor es die erste Schriftsprache gab. Unsere Vorfahren nutzten die Geheimnisse und Weisheit der Magie des Mondes und richteten ihr Leben danach aus. Die verschiedenen Mondphasen schenkten ihnen einen Rahmen fürs Zusammenkommen, Austauschen und für Rituale, aus denen sie lebenssteuernde Erkenntnisse zogen. In unserer schnell getakteten modernen Gesellschaft haben wir diese Verbindung zum Mondzyklus verloren. Der industrielle Wandel entfernt uns immer mehr vom Zusammenleben mit der Natur. Eine Zeit, in der der rationale Verstand Oberhand hat, lässt wenig Raum für das tiefe Eintauchen in unsere Intuition und das dort verborgene Wissen. Das Leben nach dem Motto »schneller, besser, weiter« ließ uns vergessen, dass wir ein Teil der Natur sind, die sich in Zyklen bewegt. Somit entfernten wir uns immer mehr von dem Wissen, das unsere Vorfahren verkörperten und lebten. Wir unterscheiden nicht mehr zwischen den Zeiten für Wachstum, die von hoher Energie und einem angestiegenen Aktivitätslevel begleitet werden und denen für Erholung sowie Ruhe, in denen wir nach innen kehren und still sein dürfen.

Unabhängig von unserer gesellschaftlichen Entwicklung weg von einem zyklischen, an der Natur ausgerichteten Leben, kannst du für dich persönlich diesen Rhythmus jedoch wiederfinden. Die Arbeit mit der Mondenergie und den Mondphasen kann dir dafür behilflich sein. Der Mond kann dich dabei unterstützen, mehr Bewusstsein, Achtsamkeit und Selbstfürsorge in dein Leben einzuladen. Außerdem kann er dir bei deinen Manifestationen unter die Arme greifen und dich zu einem Gefühl der Selbstermächtigung führen. Machst du dich vertraut mit seinen Energien und der Bedeutung seiner Phasen, so kannst du dein Leben absichtsvoll an dem Ruf deiner inneren Stimme ausrichten. Der Mond wird dann zu deinem Kompass und erinnert dich daran, aktiv für deine Wünsche und Ziele aufzustehen sowie Ruhephasen einzulegen, um das zu ernten, was du gesät hast.

Du musst kein Studium der Astronomie absolviert haben, um die Energie des Mondes für dich nutzen zu können. Ohnehin ist die Arbeit mit dem Mond und seinen Phasen keine Wissenschaft, sondern pure Magie. Die einzige Bestätigung, die du für ihre Wirkung erhalten wirst, liegt allein in deiner persönlichen Praxis. Daher möchte ich dich dazu ermutigen, die folgenden Rituale und Übungen zum Neu- und Vollmond auszuprobieren, damit zu spielen und die Vorteile, die sie für dein Leben mit sich bringen, selbst auszutesten. Du wirst sehen, dass das Zurückkehren zu einem Zyklus, den dir der Mond vorgibt, großen Einfluss darauf nehmen wird, wie du dich fühlst, welche Handlungen du vornimmst und wie du auf bestimmte äußerliche Umstände reagierst.

Der Mond erinnert dich daran, zumindest zweimal im Monat – zum Neu- und Vollmond – bewusst für dich selbst zu sorgen und dir deine Bedürfnisse genauer anzuschauen. Er lehrt dich, dass es Zeiten gibt, in denen du einfach sein darfst und Zeiten, in denen du in die Handlung kommen darfst. Genau das drückt er symbolisch durch seine Phasen aus. Der Mond strahlt nicht in seiner vollen Pracht das ganze Jahr über. Du siehst ihn nicht 365 Tage lang als Vollmond am Himmel. Damit zeigt er dir, dass wenn du dir die Zeit für Ruhe, Reflektion und Innenschau nicht nimmst, du keine Energie haben wirst, wenn dein Moment gekommen ist, dein Strahlen in seiner Vollkommenheit zu zeigen.

Die Arbeit mit den Phasen des Mondes wird dich dazu leiten, deine größten Ängste, Zweifel und Unsicherheiten aufzudecken und ebenso deine versteckten Träume und Wünsche an die Oberfläche zu bringen. Nur so kannst du erkennen, was dich klein hält und nicht weiterkommen lässt und wo deine tiefste Leidenschaft sowie Bestimmung liegen. Du wirst daran erinnert, wozu du fähig bist, wenn du dein volles Potenzial entfachst und dir deine persönlichen Muster bewusst machst, die dich davon abhalten. Jede Mondphase hält ihre eigene Magie für dich bereit und lässt dich so in verschiedene Bereiche deiner inneren Welt eintauchen. Wenn du anfängst zu verstehen, wie dich die Mondphasen energetisch beeinflussen, lernst du auch, deinen persönlichen Energiezyklus zu verstehen und mit ihm, anstatt gegen ihn zu arbeiten.

NEUMOND – ZEIT FÜR NEUANFÄNGE

Die Energie des Neumondes steht voll im Zeichen des Neuanfangs. Der Neumond setzt den Anfang der Mondphase und hält für ungefähr drei Tage an. Die Erde, Sonne und der Mond stehen zu diesem Zeitpunkt in einer Linie. Dabei befindet sich der Mond zwischen der Erde und Sonne. Die Mondseite, die zur Erde gewandt ist, wird in dieser Position nicht mehr vom Sonnenlicht erfasst und wir können ihn somit nicht sehen. Der Mond selbst erzeugt kein Licht, sondern reflektiert das Sonnenlicht, weshalb es den Anschein hat, dass er zum Neumond vom Himmel verschwindet. Von hier an sind es ungefähr zwei Wochen bis zum Vollmond und 29,53 Tage bis zum nächsten Neumond. In der Regel gibt es zwölf Neumonde pro Jahr, manchmal sind es aber auch dreizehn. Es ist die Zeit, in der du dich neu ausrichten und über deine Wünsche sowie Ziele für den bevorstehenden Monat oder auch langfristige Ziele nachdenken kannst. Es ist auch die Zeit, zu der du die größte Klarheit darüber gewinnen kannst, was du in deinem Leben willst und wie du dorthin gelangst. Der Neumond symbolisiert fruchtbaren Boden, den du nutzen kannst, um deine Ideen und Projekte in Form von Samen zu pflanzen. Der perfekte Zeitpunkt fürs Manifestieren!

DEIN NEUMONDRITUAL

Das folgende Ritual kannst du nutzen, um in die Energien des Neumonds einzutauchen und sie für deine Ziele sowie Wünsche einzusetzen. Natürlich darfst du deine persönliche Note und Änderungen nach deinen Vorlieben hinzufügen. Probiere dich aus und spiele mit dem vorgegebenen Rahmen. Du kannst nichts falsch machen! Wichtig ist nur, dass du das Neumondritual regelmäßig machst und es als Erinnerung für dich siehst, zu überprüfen, ob du dich auf dem richtigen Weg befindest und deiner inneren Stimme folgst.

Was du für das Ritual brauchst:

- Palo Santo oder dein DIY-Auraspray
- Journal bzw. Papier
- Stift
- Kerzen
- Optional: Bergkritstall, Citrin, Pyrit und/ oder Rauchquarz

Schritt 1: Sacred Space erbauen

Schaffe den richtigen Rahmen für dein Neumondritual. Suche dir dafür einen geeigneten Ort, an dem du deine Ruhe hast und dich gut konzentrieren kannst. Das kann deine Lieblingsecke im Schlaf-, Wohnzimmer oder im Sommer auf deinem Balkon sein. Reinige zunächst die Energien an deinem gewählten Ritualort, wie du es bereits gelernt hast. Widme dich dann deiner Aura und kläre sie mithilfe deines DIY-Auraspravs. Sorge nun für die richtige Stimmung. Was braucht es, damit sich dein Ritualort magisch und mystisch für dich anfühlt? Zünde dir Kerzen an, koche dir deinen Lieblingstee und lass Musik laufen, die dich entspannt und nicht zu sehr ablenkt. Vielleicht magst du dir auch eine Lichterkette aufhängen oder Kristalle aufstellen. Lass deiner Fantasie freien Lauf und errichte dir einen richtigen Wohlfühlort voller Magie.

Schritt 2: Klarheit schaffen

Bevor du dich deinen Intentionen und Zielen widmest, schaffe erstmal Klarheit. Werde dir darüber bewusst, was du willst und was du nicht willst. Nimm dafür dein Journal zur Hand und nutze die folgenden Fragen als Impulse für deine Reflektion:

1. Was ist das wahrhaftigste und schönste Leben, das ich mir für mich vorstellen kann?
2. Wie würde ich mich fühlen, wenn dieses Leben Wirklichkeit wäre?
3. Woran bin ich vergangenen Monat gewachsen?
4. Was habe ich vergangenen Monat über mich selbst lernen dürfen?
5. Welche drei Ziele möchte ich diesen Monat erreichen?
6. Welche Ziele möchte ich langfristig in meinem Leben erreichen?
7. Was kann ich tun, um diese Ziele voranzutreiben?
8. Welche Gedanken oder Gewohnheiten halten mich davon ab, meine Ziele zu erreichen?
9. Was wäre für mich möglich, wenn ich diese Gedanken und Gewohnheiten loslassen könnte?
10. Welche Grenzen möchte ich setzen, um mein Wachstum und Wohlbefinden zu fördern (denke daran, dass darunter auch Grenzen mit dir selbst fallen, wie z. B. früher schlafen gehen, ausreichend bewegen etc.)?

11. Welche Praktiken will ich regelmäßig anwenden, um für mich selbst und meine innere Welt zu sorgen? (denke an all die Übungen, die du in diesem Buch gelernt hast!)?
12. Wenn meine Intuition mir etwas zuflüstern würde, was würde sie sagen?

Schritt 3: Intentionen und Ziele setzen

In diesem Schritt wirst du konkret und leitest deine Neumond-Manifestationen ein. Nachdem du dir Klarheit verschafft hast über das, wovon du mehr in deinem Leben haben willst, geht es hier nun um die spezifische Ausformulierung deiner Intentionen und Ziele. Schreibe nun 3 Ziele auf, die du dir für den kommenden Monat bzw. bis zum nächsten Vollmond vornehmen willst. Du kannst auch längerfristige Ziele formulieren. Wähle jedoch zumindest ein bis zwei Ziele aus, die du kurzfristig erreichen willst, um beim kommenden Vollmond Erfolge feiern zu können. Orientiere dich für deine Formulierung gern am folgenden Negativ- bzw. Positivbeispiel:

- Zu ungenau: »Ich will ein Buch schreiben.«
- Genau richtig: »Ich verfasse innerhalb der kommenden zwölf Monate ein Buch mit 222 Seiten, indem ich jeden Tag mindestens zwei Seiten für mein Manuskript schreibe und einen Verlag finde, der es veröffentlicht.«

Schritt 4: Plan erstellen

Jetzt, wo du deine Ziele formuliert hast, kannst du daraus einen konkreten Handlungsplan ableiten. Diesen darfst du dann befolgen, wenn der Neumond in die zunehmende Mondphase übergeht, was ungefähr drei Tage später ist. Jeden Tag zeigt sich der Mond ein kleines Stückchen mehr, bis er wieder in seiner vollen Pracht als Vollmond am Himmel erscheint. In dieser Phase solltest du dich genau wie er auf dein persönliches Wachstum konzentrieren. Es ist die Zeit, in der du ins Handeln kommen und deine Energie voll auf deine Ziele richten darfst. Denn dann steigt dein Energielevel zusammen mit dem Wachstum des Mondes in Richtung Vollmond. Die zunehmende Mondphase steht voll im Zeichen der Kreativität und Schöpfung.

Breche deine Ziele also nun in feinteilige Handlungsschritte auf. Was kannst du heute schon unternehmen, um deinen Zielen näher zu kommen? Welche konkreten Handlungen deinerseits bedarf es dafür? Bezogen auf das vorherige Beispiel könnte es sowas sein wie:

- Buchthema finden
- Skizze einer ersten groben Gliederung erstellen
- Recherchieren, welcher Verlag zu mir passen könnte

Schritt 5: Ritual abschließen

Schließe dein Neumondritual damit ab, indem du deine beiden Hände auf dein Herzchakra legst und dir vorstellst, wie deine Wünsche und Ziele in Erfüllung gehen. Verbinde dich tief mit dem Gefühl, das damit einhergeht. Bedanke dich beim Universum, dass es dich bei dem Erreichen deiner Ziele unterstützt. Bedanke dich auch bei dir selbst! Allein die Tatsache, dass du dir die Zeit genommen hast, dieses Ritual durchzuführen, kann bedeutende Auswirkungen auf dein Leben haben. Gib dir selbst das Versprechen ab, dich an deinen ausgearbeiteten Handlungsplan zu halten, deine Ziele nicht aus den Augen zu verlieren und dir beim nächsten Neumond wieder einen Raum für diese wertvolle Arbeit zu errichten. Verankere dein Vorhaben in einer Affirmation, die du dir jeden Tag aufsagst. Vielleicht hilft dir auch ein Post-it, auf das du die Affirmation schreibst und das du beispielsweise auf deinen Spiegel klebst, damit du sie nicht vergisst und immer vor Augen hast. Du kannst deine eigene Affirmation kreieren oder eine der folgenden wählen:

- Ich erlaube meiner Intuition, mich auf den richtigen Weg zu führen.
- Ich erkenne meine Macht als Schöpfer meines Lebens an.
- Es ist sicher für mich, mich in mein höchstes Selbst zu verwandeln.
- Ich nehme diesen Neuanfang an.
- Ich säe die Samen des Erfolgs und der Fülle.
- Ich vertraue darauf, dass ich vom Universum unterstützt werde.
- Ich bin meines Wunsches würdig und er ist jetzt auf dem Weg zu mir.
- Ich bin im Einklang mit der Energie meiner Wünsche.
- Ich ergreife Maßnahmen, um zusammen mit dem Universum das Leben meiner Träume zu erschaffen.

VOLLMOND – ZEIT DES LOSLASSENS

Der Vollmond ist die Zeit der Vollendung, der Erleuchtung und des Loslassens. Wieder stehen der Mond, die Sonne und Erde in einer Linie. Dieses Mal jedoch befindet sich die Sonne auf der einen Seite der Erde und der Mond genau gegenüber auf der anderen. So kann die gesamte zur Erde gerichtete Mondseite vom Sonnenlicht erfasst werden und wir sehen ihn nachts als prächtigen Vollmond. Die Energie für den Monat erreicht zu diesem Zeitpunkt ihren Höhepunkt – genauso wie deine. Unter dem Licht des Vollmondes kannst du nun genau sehen, welche Samen, die du zum Neumond gesät hast, gedeihen und was dich noch daran hindert, deine Ziele zu erreichen. Es ist die Zeit, in der du deine Erfolge feiern und in das Gefühl der Dankbarkeit eintauchen darfst. Es ist auch die Zeit, in der du die zurückliegenden Wochen während der zunehmenden Mondphase reflektieren darfst, um herauszufinden, wo dich Selbstzweifel, Ängste und Selbstsabotage von deinen Plänen abhielten. Die Energien unter dem Vollmond können emotional aufgeladen sein und Gefühle an die Oberfläche bringen, derer du dir nicht bewusst warst. Erlaube dir, diese durchfließen zu lassen und sie mit einem neugierigen sowie offenen Blick zu betrachten. Erinnere dich daran, dass deine Emotionen ein wichtiger Kompass für dein Leben sind und immer eine wegweisende Botschaft für dich bereithalten! Nutze die Energie des Vollmondes, um dir Klarheit darüber zu verschaffen, was dich festhält und was du loslassen musst, um voranzukommen. Verurteile dich dabei nicht selbst, sondern schau dir deine Themen mit viel Selbstmitgefühl an. Die Zeit um den Vollmond herum ist auch perfekt dafür geeignet, dir selbst und anderen zu vergeben.

Nach dem Vollmond folgt die abnehmende Mondphase. Der Mond schwindet immer mehr, bis er wieder zum Neumond wird. Es ist die Zeit des Loslassens, in der dein Energielevel sinkt und du nach innen schauen darfst.

»Wer werden will, was er sein sollte, der muss lassen, was er jetzt ist.«

Meister Eckhart

Die Magie eines Neumondrituals entfaltet sich, wenn du bewusste Intentionen setzt, Altes loslässt und den Neubeginn im Einklang mit den kosmischen Energien zelebrierst.

DEIN VOLLMONDRITUAL

Der Vollmond markiert die Hälfte des Mondzyklus und unterstützt dich dabei, Hindernisse aus dem Weg zu räumen, die dich von deinen Zielen abhalten. Er bietet dir die Möglichkeit der tiefen Innenschau und spiegelt dir die Wahrheit in dir und um dich herum wider.

Für das Vollmondritual brauchst du folgende Dinge:

- Palo Santo oder dein DIY-Auraspray
- Stift
- Journal
- Papier
- Kerzen
- Feuerfestes Behältnis
- Optional: Wenn du dein Ritual mithilfe der Energie von Heilsteinen unterstützen willst, dann wähle einen oder mehrere der folgenden: Amethyst, Bergkristall, Labradorit, Mondstein, Rauchquarz, Rosenquarz, schwarzer Turmalin, Selenit

Schritt 1: Sacred Space erbauen

Auch dein Vollmondritual sehnt sich nach einem besonderen Rahmen. Erschaffe dir diesen, wie du es bereits beim Neumondritual kennengelernt hast.

Schritt 2: Dankbarkeit ausdrücken

Dein Neumondritual liegt nun fast zwei Wochen zurück. Bevor du dich dem widmest, was du unter diesem Vollmond loslassen möchtest, erlaube dir, Platz für das Gefühl von Dankbarkeit zu machen. Nimm dein Journal zur Hand und schreibe auf, wofür du dankbar bist und warum.

Folgende Fragen können dich dabei leiten:

1. Was möchte ich unter diesem Vollmond feiern und warum?
2. Was hat sich seit meinem Neumondritual für mich bewegt, was mich dankbar fühlen lässt? Was löst dieser Fortschritt in mir aus?
3. Was konnte ich in den vergangenen zwei Wochen Neues über mich erfahren? Welches Gefühl ist mit dieser Lektion verbunden?

4. Für welche Eigenschaften an mir selbst bin ich dankbar? Wobei helfen sie mir in meinem Leben?
5. Was ist eine Sache, in der ich so gut bin, dass mich niemand vom Gegenteil überzeugen kann?
6. Welche Menschen in meinem Leben erfüllen mich mit tiefer Dankbarkeit? Was genau schätze ich an ihnen und warum?
7. Was oder wer hat mir in letzter Zeit im Leben geholfen?
8. Auf welche Weise spricht das Universum zu mir?

Ein Vollmondritual kann dir helfen, Klarheit zu gewinnen, emotionale Heilung zu fördern und deine persönlichen Absichten zu stärken, indem es die kraftvollen Energien des Vollmonds für spirituelles Wachstum nutzt.

Schritt 3: Reflektion der vergangenen zwei Wochen

Der Vollmond ist ein guter Zeitpunkt, um die Zeit, die seit dem letzten Neumond vergangen ist, Revue passieren zu lassen und sich für die bevorstehende letzte Zyklushälfte bis zum nächsten Neumond vorzubereiten.

Die folgenden Fragen können dich dabei unterstützen:

1. Wie fühle ich mich gerade? Was genau ruft diese Gefühle hervor?
2. Welche Gefühle versuche ich zu meiden? Warum meide ich sie? Wie kann ich sie auf gesunde Weise ausdrücken (denke an all das zurück, was du in diesem Buch über Emotionen gelernt hast)?
3. Wie kann ich zukünftig achtsamer mit meinen Gedanken und Gefühlen umgehen?
4. In welchen Bereichen meines Lebens bin ich nicht authentisch? Was hält mich zurück, mein wahres Selbst zu zeigen? Wie kann ich meine innere Wahrheit stärker zum Ausdruck bringen?
5. Gab es in den vergangenen zwei Wochen Dinge oder Menschen, die mich getriggert haben? Was genau ist passiert? Warum hat es mich getriggert? Woher kommt diese Reaktion?
6. Wo in meinem Leben muss ich noch Grenzen setzen?
7. In welchen Bereichen meines Lebens halte ich mich noch zurück? Warum? Wie kann ich anfangen, voranzuschreiten?
8. Wie kann ich mir selbst mehr Mitgefühl entgegenbringen?
9. Was hat mich daran gehindert, die Ziele und Pläne aus meinem Neumondritual zu verfolgen? Wo stehe ich mir selbst im Weg?
10. Wie kann ich diese Hindernisse und Blockaden beseitigen?
11. Welche Überzeugungen und Ängste darf ich loslassen?
12. Welche Ziele fühlen sich für mich nicht mehr richtig an?

Schritt 4: Dir selbst und anderen vergeben

Schließe für einen kurzen Moment deine Augen und fühle in das Wort »Vergebung« hinein. Was heißt Vergebung für dich? Was passiert in deinem Körper, wenn du an das Wort »Vergebung« denkst?

Für mich bedeutete zu vergeben lange Zeit, den Schmerz und die Enttäuschung zu verleugnen, was sich nicht richtig angefühlt hat. Bis ich dann mein Verständnis von Vergebung erweitert habe. Denn zu vergeben bedeutet nicht, dass der Schmerz nie da war oder die Enttäuschung nun ausradiert ist, sondern, dass ich dem, was passiert ist, nicht mehr die Macht darüber gebe, meine Gegenwart und Zukunft zu beeinflussen. Indem ich vergebe, lasse ich mich von meiner Vergangenheit nicht mehr zurückhalten.

Denke über Ereignisse, Situationen oder Menschen nach, denen du vergeben möchtest. Schreibe es in dein Journal. Vergiss dabei nicht, auch dir selbst zu vergeben – sei es für schlechte Angewohnheiten, negative Gedanken oder einfach Dinge, die nicht so gelaufen sind, wie du es dir vorgestellt hast.

Schritt 5: Loslassen

Der Vollmond steht ganz unter dem Zeichen des Loslassens. Nimm dir Zeit, um über negative Gedanken oder Emotionen nachzudenken, die du loslassen möchtest. Konzentriere dich dabei vor allem auf diejenigen, die dich davon abhalten, dein volles Potenzial auszuschöpfen. Schreibe sie jeweils auf ein kleines Stückchen Papier. Zünde nun eine Kerze an und betrachte sie als Symbol für das Licht der Vergebung und des Loslassens. Stelle dein feuerfestes Behältnis bereit und halte jedes Zettelchen über die brennende Kerze. Dabei kannst du Folgendes sagen: »Ich vergebe und lasse los.« Beobachte, wie die Flammen die Worte verzehren, während du dir vorstellst, wie all die negativen Gedanken und Emotionen verblassen.

Puste dann die Kerze aus und sage leise: »Ich lasse los, was mich belastet, und empfange die Fülle des Lebens mit offenen Armen. Ich bin dankbar für das, was ist, und offen für das, was kommen mag.«

Schritt 6: Ritual abschließen

Schließe die Augen und stelle dir vor, wie ein heilendes Licht von oben durch dich hindurchfließt, all die verletzten Teile deines Selbst berührt und heilt. Nimm dir unbedingt Zeit für Selbstfürsorge nach dem Ritual. Trinke Tee, meditiere oder verbringe Zeit in der Natur. Bewahre deine Liste mit den Dingen, für die du dankbar bist, an einem Ort auf, an dem du regelmäßig vorbeigehst. Lies sie immer dann, wenn du eine Erinnerung an die Fülle in deinem Leben brauchst.

Loslassen ist entscheidend, denn es schafft Raum für Wachstum und ermöglicht es dir, dich von Vergangenem zu befreien, um das Neue willkommen zu heißen.

VERBINDE DICH MIT DEINEM HÖHEREN SELBST

Als ich das allererste Mal über den Begriff »Höheres Selbst« gestolpert bin, konnte ich ihn kaum für mich greifen. Das Bild fühlte sich abstrakt und fern an. Mit der Zeit verstand ich aber, was damit gemeint ist und wie ich mein Höheres Selbst als wegweisenden Kompass für mein Leben nutzen kann. Jeder von uns hat ein Höheres Selbst. Stelle es dir wie eine sehr weise Lehrerin oder einen sehr weisen Lehrer vor, die oder der dich führt und dir alles über dich selbst und dein Leben beibringen kann. Dein Höheres Selbst weiß noch, bevor du es selbst herausfindest, was mit dir am meisten in Resonanz geht, wofür dein Herz brennt und welcher Weg der Beste für dich ist. Es kennt jede deiner Sonnen- und Schattenseiten, auch diejenigen, derer du dir vielleicht noch gar nicht bewusst bist. Dein Höheres Selbst ist die beste Version deiner Selbst, die sich über ihre Stärken sowie Schwächen, ihre Berufung und Lebensaufgabe vollends bewusst ist.

Zu jeder Zeit hat es das große Ganze im Blick, verliert sich nicht im Detail und weiß, welche Entscheidung die richtige ist, welche Herausforderung zu welcher Lebenslektion führen soll und was das Ziel deines Wegs auf der Erde ist. Es hängt sich nicht auf an Themen, in die sich dein Ego gern verwickelt und hat eine Brille auf, durch die es dein Leben frei von jeglichen Konditionierungen sehen kann. Dein Höheres Selbst ist pures Bewusstsein, das auf jede Frage eine Antwort hat. Und das Gute daran ist, dass du immer Zugang zu deinem Höheren Selbst hast, denn es ist keine Entität, die abgetrennt von dir irgendwo im Universum existiert. Du bist dein Höheres Selbst. Es lebt in dir und durch dich. Dein Höheres Selbst ist der Teil deiner Seele, der niemals stirbt und für immer bleibt. Ich sehe das Höhere Selbst als den kleinen kostbaren Lichtfunken, der vom ersten Augenblick unserer Schöpfung an da war. Er trägt den Inhalt jeder Lektion, die wir lernen durften, jeder Erinnerung, die wir erschaffen konnten, jedes Tropfen Weisheit, den wir sammeln konnten, in sich. Der Weg, den wir in unserem Leben beschreien, ist ein Sich Erinnern an eben diesen in Vergessenheit geratenen Wissensschatz.

Visualisiere dein Höheres Selbst!

In dieser Übung darfst du deiner Kreativität freien Lauf lassen, denn du wirst der vielleicht noch etwas abstrakten Vision deines Höheren Selbst eine konkrete Form geben. Suche dir dafür einen ungestörten Ort und nimm eine bequeme Position ein. Wenn du magst, kannst du dir eine entspannende Playlist anmachen und eine Kerze anzünden. Möchtest du auch Heilsteine in diese Übung mit einbeziehen, z. B. indem du sie während der Visualisierung in der Hand hältst oder um dich herum legst, empfehle ich dir diejenigen, die dem Dritten-Auge-Chakra und Kronenchakra zugeordnet sind. Folge dann den nachstehenden Schritten:

1. **Reinige deine Aura.** Wähle dafür eine der Methoden, die du bereits kennengelernt hast.
2. **Schließe deine Augen** und atme ein paar Mal bewusst ein und aus. Richte deine Aufmerksamkeit dabei auf die Bewegung deines Brustkorbs. Gern kannst du deine Hände unterstützend auf deine Brust legen.
3. **Bitte nun dein Höheres Selbst darum,** sich dir zu zeigen und stelle dir vor, es würde nun vor dir stehen. Welche Energie kannst du wahrnehmen? Was bewirkt sie in dir?
4. **Diese Energie nimmt immer mehr physische Gestalt an.** Langsam zeichnet sich eine körperliche Form und ein Gesicht ab.
5. **Wie sieht dein Höheres Selbst aus?** Welches Alter hat es? Welche Kleidung trägt es? Welche Farben kannst du in seiner Aura erkennen? Ist es vielleicht eine wilde naturverbundene Medizinfrau oder ein Medizinmann? Eine neugierige Entdeckerin, ein neugieriger Entdecker, der oder die immer auf der Suche nach neuen Abenteuern ist und die Welt in der Tiefe verstehen will? Oder ein rebellischer Freigeist, der sein wahres Ich nicht unterdrückt?
6. **Fühle in dieses Bild hinein** und finde heraus, welche höchsten Werte und Lebenseinstellungen dir am wichtigsten sind und von deinem Höheren Selbst verkörpert werden – völlig egal, ob du diese heute schon fest in

deinem Leben integriert hast. Wie machen sich diese Werte und Lebenseinstellungen äußerlich an deinem Höheren Selbst bemerkbar?

7. **Denke daran,** dass dein Höheres Selbst die beste, authentischste und vollkommene Version deiner Selbst ist. Es ist frei von Limitierungen, Programmierungen und negativen Einflüssen und drückt deinen wahren Kern sowie deine Bestimmung aus, ohne dabei von Ängsten oder Selbstzweifeln zurückgehalten zu werden. Tauche in genau dieses Bild von dir selbst ein und beginne damit, ihm eine greifbare Form zu geben.
8. **Verbleibe noch einen Augenblick in der Visualisierung** und merke dir alle Details, die dir wichtig erscheinen.
9. **Bedanke dich bei deinem Höheren Selbst dafür,** dass es sich dir gezeigt hat und dass es wegweisend über dich wacht. Bitte es darum, dich in herausfordernden Situationen an diese höchste und beste Version deiner Selbst zu erinnern, damit du daraus an Orientierung gewinnen und Kraft schöpfen kannst.
10. **Wenn du so weit bist,** öffne deine Augen und komme wieder langsam im Hier und Jetzt an.
11. **Strecke deine Arme dann ganz weit aus,** strecke dich ganz genüsslich und mach dich dabei richtig lang.
12. **Lege deine Hände auf deine Brust** und schenke deinem Herzen ein breites Lächeln. Lächle dabei auch wirklich. Ziehe deine Mundwinkel nach oben und schwelge in der Zufriedenheit über das Wissen, dass du dein Höheres Selbst bist. Es ist nicht getrennt von dir oder nur eine Vorstellung davon, wer du sein könntest. All das, was du gerade gesehen hast, ist bereits Teil von dir.
13. **Jetzt darfst du ins kreative Handeln kommen.** Suche Bilder im Internet, beispielsweise auf Pinterest, die zu dem, was du in der Visualisierung gesehen hast, passen. Erstelle eine Collage, die dein Höheres Selbst repräsentiert. Du kannst auch gern ein eigenes Bild malen oder andere kreative Wege finden, um dein Höheres Selbst bildlich darzustellen.
14. **Hänge dir dein Bild irgendwo auf,** wo du es regelmäßig sehen kannst. Es soll dir Kraft und Zuversicht schenken und dich daran erinnern, wer du wirklich bist, wenn du dich mal klein und machtlos fühlst.

Dein Höheres Selbst ist die tiefe, weise Essenz in dir, die dich intuitiv lenkt, Erkenntnis fördert und zu spirituellem Wachstum inspiriert.

Warum vergessen wir diesen wertvollen Schatz? Aus spiritueller Sicht sucht sich deine Seele die Inkarnation als Mensch auf der Erde bewusst aus. Sie will unbedingt ein Leben als Mensch mit allen Höhen und Tiefen erfahren und vor allem will sie auf der Erde lernen und wachsen. Wenn deine Seele also in deinen menschlichen Körper und in dieses aktuelle Leben geboren wird, verlässt dich die Erinnerung an deine Existenz in Form von purer Energie. Du vergisst, dass du dir dieses Leben als Mensch bewusst ausgesucht hast, um bestimmte Erfahrungen zu machen, die du nur als Mensch auf der Erde machen kannst. Du verlierst aber niemals den kostbaren Lichtfunken in dir, der all das Wissen in sich hält. Der Grund für diese vorübergehende »Amnesie« ist, dass sie dir erlaubt, all die Erfahrungen und Abenteuer unvoreingenommen zu erleben. Erst dann kannst du auch die Lebenslektionen lernen, für die du als Mensch auf der Erde inkarniert bist, und an ihnen wachsen. Wenn du schon alles wüsstest, könntest du nichts lernen. Aus der Perspektive deines Höheren Selbst ist die Erde also wie eine Art Schule. Um in diese irdische

Schule zu kommen, musst du unter anderem zustimmen, dein Höheres Selbst vorübergehend zu vergessen. Andernfalls würde das Wachstum, das du dir hier so wünschst, gehemmt. Spätestens wenn dein physischer Körper stirbt, kannst du dich vollständig an dein Höheres Selbst erinnern und es als solches erkennen. Die ältesten Teile deiner Seelenaspekte treten dann wieder zum Vorschein. Der Tod bringt dich wieder mit deiner Ganzheit zusammen. Du kannst aber auch schon zu Lebzeiten jederzeit in die Weisheit deines Höheren Selbst eintauchen, denn es ist ein Teil von dir und nicht etwas, das außerhalb von dir existiert. Dich mit dieser Weisheit zu verbinden, bedeutet, dich daran zu erinnern, wer du in deinem tiefsten Kern bist. So kannst du eine höhere Perspektive auf dein Leben und aktuelle Herausforderungen annehmen.

FRAGE DEIN HÖHERES SELBST UM RAT

»Was würde mein Höheres Selbst tun?« ist eine Frage, die ich mir gern in herausfordernden Situationen stelle. Sie ermöglicht mir einen Perspektivwechsel, der viele Vorteile mit sich bringt:

- Egal, was gerade los ist, fühle ich die Verbundenheit zum Sinn des Lebens.
- Ich führe mir meine höheren Ziele vor Augen und verliere mich so nicht in einengenden Details, auf die ich möglicherweise gar keinen Einfluss habe.
- Ich erkenne, dass äußere Umstände für mich arbeiten, nicht gegen mich und ich ihnen nicht hilflos ausgeliefert bin. Egal, wie herausfordernd ein Lebensereignis sich anfühlen mag, es hat einen Sinn und Zweck für mein Lernen in dieser irdischen Schule.
- Ich erlebe meine Selbstwirksamkeit und werde daran erinnert, dass ich mein Leben mitgestalten kann.
- Ich schaffe es, Herausforderungen als Chance für persönliches Wachstum und als wertvolle Lektion zu sehen.
- Ich fühle mich unterstützt und verbunden.

Versuche dir in Situationen, in denen du dich überfordert, hilflos und dem Leben ausgeliefert fühlst, genau diese Frage auch zu stellen. Schließe dabei deine Augen und visualisiere dein Höheres Selbst, wie du es in der Übung bereits gemacht hast. Fange ein Gespräch mit deinem Höheren Selbst an und bitte es um Rat.

Ein Gespräch mit deinem Höheren Selbst

1. **Reinige deine Aura** mit einer der Methoden, die du bereits kennengelernt hast.
2. **Schließe deine Augen** und atme ein paar Mal tief ein und aus. Nimm wahr, wie sich deine Brust beim Ein- und Ausatmen hebt und senkt.
3. **Lege eine Hand auf dein Herzchakra** und die andere auf dein Solarplexus-Chakra.
4. **Richte deine Aufmerksamkeit nach innen** auf genau diese beiden Chakren und nimm wahr, was aufkommt, ohne darüber zu urteilen.
5. **Rufe dein Höheres Selbst zu dir,** indem du laut oder ganz still nur für dich folgende Sätze sprichst: „Ich weiß, dass du da bist. Ich möchte dich kennenlernen und dir Aufmerksamkeit schenken. Bitte fange an, zu mir zu sprechen und mein Leben zu leiten. Ich höre dir zu."
6. **Stelle dir nun vor deinem inneren Auge vor,** wie du in einem prächtigen Park spazieren gehst. Nimm die wundervolle Natur um dich herum wahr. Lausche dem Gesang der Vögel und dem Rascheln der Bäume. Spüre den erfrischenden Wind auf deiner Haut.
7. **Während du dich immer weiter auf den Wegen des Parks bewegst,** entdeckst du eine kleine Bank. Auf dieser Bank wartet bereits eine Person auf dich. Sie winkt dich zu sich und bittet dich, Platz zu nehmen.
8. **Du setzt dich auf die Parkbank und bemerkst,** wie wohltuend die Energie der Person für dein System ist. Du fühlst dich in ihrer Gegenwart sicher und geborgen, wie zuhause.
9. **Es wird dir klar, dass es sich um dein Höheres Selbst handelt.** Du siehst es an, nimmst sein äußerliches Erscheinungsbild immer detaillierter wahr. Es kommen Freude und Neugier in dir hoch.

10. **Dein Höheres Selbst spricht zu dir:** „Du hast mich gerufen, nun bin ich da. Was möchtest du wissen? Wie kann ich dir Klarheit verschaffen?“

11. **Du antwortest ihm** und redest dir alles von der Seele, was dich bedrückt. Du schilderst deine aktuellen Herausforderungen und bittest um Rat, damit du all das von einer höheren Perspektive aus betrachten kannst. Nimm dir dafür Zeit und gehe ins Detail. Wie fühlst du dich aktuell? Was genau blockiert dich? Was fehlt dir?

12. **Höre nun genau hin** und nimm all die Impulse, die dir dein Höheres Selbst gibt, auf. Sei geduldig und löse dich von jeglichen Erwartungen, wie seine Antworten auszufallen haben. Konzentriere dich dabei weiterhin auf dein Herzchakra und dein Solarplexus-Chakra.

13. **Bedanke dich bei deinem Höheren Selbst** für das wohltuende Gespräch und das Eröffnen einer neuen Perspektive auf deine aktuelle Situation.

14. **Versprich ihm und auch dir selbst,** regelmäßig in einen solchen Austausch zu gehen und vereinbare einen Termin für das nächste Treffen.

15. **Wenn du so weit bist,** öffne deine Augen und komme langsam im Hier und Jetzt an.

Dein Höheres Selbst kann dir Einsichten über deine wahre Bestimmung, inneren Frieden und die Kraft der Selbstliebe mitteilen, um dich auf dem Weg zu einem erfüllten Leben zu führen.

16. **Nimm ein Journal zur Hand** und schreibe alle Impulse auf, die du erhalten hast. Folgende Fragen können dich dabei leiten:

- Was kann dich deine aktuelle Herausforderung lehren?
- Welche Lektion musst du noch verinnerlichen, um in die nächste Phase deines Lebens eintreten zu können?
- Wie kannst du dieses Wissen in dein Leben einbringen, um es zu verändern bzw. zu verbessern?
- Woran hältst du fest, was dich einschränkt?
- Fördern deine bisherigen Entscheidungen dein Glück und führen sie dich zu deinem Ziel?
- Was kannst du verändern, um deine Ziele und Visionen besser zu unterstützen?
- Wovor hast du Angst?
- Wie kannst du diese Angst loslassen?
- Auf welche positiven Gedanken über dich selbst und dein Leben kannst du dich mehr fokussieren?
- Wie kannst du dir selbst gegenüber mehr Mitgefühl entgegenbringen?
- Wie kannst du stärker auf deine eigenen Bedürfnisse eingehen?
- Wofür bist du jetzt in diesem Augenblick dankbar?

Warte nicht auf die nächste Herausforderung in deinem Leben, um dich mit deinem Höheren Selbst zu verbinden. Pflege die Beziehung zu ihm regelmäßig. So baust du eine starke Verbindung zu ihm auf. Das kann dir dabei helfen, auch im Alltag viel leichter Impulse von deinem Höheren Selbst aufzunehmen und dich von deiner höchsten Vision leiten zu lassen.

DANK

Ich danke meinem fürsorglichen Ehemann, der mir immer den Rücken stärkt, mich unterstützt und mir den Freiraum sowie die Sicherheit gibt, mich zu zeigen, wie ich bin. Sein künstlerisches Auge schenkte diesem Buch seine fotografische Ästhetik.
Ich bin dankbar für all meine Klienten, die sich mir im tiefen Vertrauen geöffnet haben. Zu bezeugen, wie sich ihr Leben mithilfe von Energiearbeit gewandelt hat, berührt und inspiriert meine Seele zutiefst.
Danke an den Verlag, der dieses Projekt erst möglich gemacht hat und an meine Idee geglaubt hat. Ich hätte mir keine liebevollere Begleitung wünschen können.
Ich möchte auch einem magischen Ort danken, an dem dieses Buch teilweise entstehen durfte: Ibiza, eine Insel, die mein Herz beflügelt. Insbesondere möchte ich meinen dort wohnenden Freunden Giovanni und Mouna von Onirik Jewelry danken, die mir ihren wunderschönen Schmuck für das Shooting bereitgestellt haben.

BILDNACHWEIS

Alle Farbfotos wurden von Alexander van Ratingen (www.alexvanratingen.com) für dieses Buch aufgenommen.
Mit 2 Illustrationen von Mascha Greune.

IMPRESSUM

Umschlaggestaltung von Gramisci Editorial Design, München/Claudia Geffert unter Verwendung von 5 Farbfotos von Alexander van Ratingen und einer Illustration von Shutterstock/JoyCrew (Cover).

Mit 46 Farbfotos und 2 Farbzeichnungen.

Unser gesamtes Programm finden Sie unter **kosmos.de/nymphenburger**

Gedruckt auf chlorfrei gebleichtem Papier

FSC www.fsc.org MIX Papier | Fördert gute Waldnutzung FSC® C084279

ISBN 978-3-96860-097-0

Projektleitung und Lektorat: Ramona Kapp
Gestaltungskonzept: Gramisci Editorial Design, München/Claudia Geffert
Gestaltung und Satz: Daniela Petrini, A-Reutte
Produktion: Kim Kanstinger, Nina Renz
Druck und Bindung: Print Consult GmbH, München
Printed in Slovakia / Imprimé en Slovaquie